U0035791

GOOD IDEA

腦袋靈光 生命發光

張岱之◎著

原書名：全是好點子

前言

翻開人類社會史，縱觀人類社會的每一次進步，朝代的每一次更迭，科技的每一項發展，無不伴隨著創新。

沒有創新，社會就會停滯不前，沒有創新，人類不可能走到今天。秦始皇嬴政一統中國，是由於商鞅變法；唐太宗時期的繁榮富強，是由於「貞觀之治」；鐵木眞率領他所向披靡的鐵騎橫行歐亞，建立元朝，使中國版圖達到前所未有的幅員，是由於他們嚮往中原的富饒，使他們的欲望化爲革新，所以說，創新是一個民族進步的靈魂。

縱觀資本主義世界，每一次技術革命都有無數的新技術、新發明問世；而每一項新發明的問世，又成爲推動社會進一步發展的動力。

人類社會的發展史，就是一部不斷創新的歷史。而許多發明創造都是從一個小小的靈感開始。靈感是點燃發明的火種：萬有引力定律的創立，是牛

頓從蘋果落地得來的靈感；發現蝙蝠靠聽覺飛行，是斯帕拉捷爲女兒講故事中得來的靈感……太多太多的發明創造來自於生活中的小事所引發的靈感。靈感，是人類智慧的精華，是感性和理性相互觸動而激發的火花。這個火花不但照亮了人類社會的歷史，使歷史在人類智慧之光的普照下不斷前進；它同時也照亮了人生，使人生在靈感的迸發中，屢屢獲得成功。

在現代社會，創新顯得更重要。社會的各個領域，生活的各個層面，都迫切需要創新。

創新是企業發展的關鍵。小到公司辦公桌上的一張紙片，大到公司的管理、市場的經營和銷售，無一不是在不斷尋找新的點子，新的方法。沒有創新，企業的產品就打不開銷路；沒有創新，企業的發展就會受到限制；沒有創新，企業就會在激烈的市場競爭中黯然撤退。唯有創新，企業才能不斷推陳出新，發展壯大，微軟、鴻海、SONY等大公司，之所以有今天的知名度，就是因爲他們勇於在工作的各個層面進行改革創新。

我們的生活之所以愈過愈好，愈過愈輕鬆，就是因爲有很多的創新和發

明，讓我們的生活愈來愈便利。自行車的發明，讓我們不用步行；汽車的出現，讓我們出門更快捷；電話的發明，讓世界沒有了距離；電視的發明，則讓我們的生活更多姿多彩……太多的發明，都源於人們的創新。

人才的競爭，生存的壓力，讓愈來愈多人感到職場生存大不易，總會擔心自己做得不夠好，擔心和同事關係處理不良，擔心某一天老闆會突然炒自己的魷魚。其實，只要善於思考，打破傳統的思維方式，從另一個角度去看問題，在面試的時候尋找與眾不同的表現方式，在繁重的壓力中去找一些使自己快樂的事，在傳統的工作模式中尋求另類的突破，在喧囂的都市中尋找一片寧靜的天地。一點小小的改變，一點小小的與眾不同，你會發現，職場並不是那麼可怕，工作並不是那麼繁重，你可以讓工作變得快樂，變得有意義。

目錄

第一章　追尋靈感

目錄

目錄

第三章　企業因創新而前進

第一章

追尋靈感

靈感是成功的前提，沒有靈感就沒有成功；
就像在大草原上迷途的羊羔，沒有方向感，
永遠也找不到回家的路。
任何人的成功都源於一個或多個成功的靈感。
這個靈感可能是一個辦法、一個點子、一個念頭、一個解決
問題走向成功或發跡的思路。
靈感的迸發是多方面的。
不同的思維方式會激發不同的靈感。

* * *

第1節・鯨魚怪星

對於任何一個健全的人來說，星星是非常熟悉的發光體，不發光的星星，用肉眼是看不到的。古德里克雖非盲人，但聾啞的他發現伴星（不發光的星星），憑藉的不是眼睛，而是用心看到的，用思維和靈感發現的。

曾經有人發現鯨魚星座中有一顆星特別奇怪，這顆星星有時候會失蹤，有時候會變得很明亮，它的亮度不斷變化，所以人們就把這顆星稱為「鯨魚怪星」。早在古德里克之前，人們就發現這顆奇怪的星星，不過從來都沒有人對此進行過深入研究。

古德里克是在一七八二年十一月二十一日的夜晚，觀測到大陵五（鯨魚怪星），他當時只有十八歲。他觀察得非常仔細，發現大陵五的亮度天天變化，古德里克雖然天生聾啞，但是他對廣闊的星空有著無窮的興趣。他無法與人交

談，所以只能與星星交流。於是他經常在夜晚觀察天上的星星，與星星交朋友。

他在觀察這顆星星的時候，發現它一天天暗下去，最後亮度只有正常情況的三分之一。然後，它又開始逐漸亮起來，一天比一天亮，最後恢復到原先的正常亮度。由暗變亮，由亮變暗，這樣不斷地周而復始。

他就這樣一天天觀察著，記錄著。他發現，大陵五的亮度變化是有規律的，它的變化周期是二天二小時四九分八秒，明暗程度都依這個周期不斷的變換。

大陵五的亮度居然有變化周期！這可說是一個重要的發現。不過，古德里克並沒有因爲發現這周期就停止研究，他還想弄清楚是什麼原因使大陵五的亮度發生周期性變化。大陵五旁邊會不會有一顆黑暗的伴星？會不會是因爲伴星不斷圍繞著它轉動，當伴星部分遮住大陵五的時候，大陵五的亮度就減弱？這些問題一直讓古德里克非常的好奇。

一七八二年五月，他將自己的研究成果寫成論文《關於魔星光變周期的觀測及發現》，送交英國皇家天文學會。

後來，英國一位天文學家赫歇爾用儀器尋找這顆假設中的星星，但是天空那麼大，它又不發光，要找它實在很困難。

一七八六年，古德里克在英國去世。他生前，人們沒有找到他預言的伴星。他去世後兩年，即一七八八年，天文學家發現了這顆伴星，它離地球約八十八光年，質量與太陽相近。

第2節・蝙蝠與超音波

「再好的理論，如果把它束之高閣，不加實踐，就不具意義了。」這正是帕斯拉捷之所以能發現蝙蝠是靠聽覺飛行的原因。他憑藉的是有了想法就馬上實踐，然後再進行深入研究。

斯帕拉捷的小女兒幼年就非常聰明好學，常常纏著他講故事。一天，斯帕拉捷給女兒講麻雀和蝙蝠比賽捉蟲子的故事：「有一天，麻雀和蝙蝠想比一比誰會捉蟲子。比賽一開始，麻雀就四處尋找食物，蝙蝠卻一聲不響地躺在陰暗的地方休息。」女兒忍不住問：「蝙蝠爲什麼不去找蟲子呀？牠不是要和麻雀比賽嗎？不去捉蟲子，牠不是輸定了嗎？」斯帕拉捷說：「是呀，不過牠當然沒有忘記比賽。到了晚上，麻雀得意洋洋地回來了，牠看著巢裏的一大堆食物，心想自己贏定了，於是安心地進入甜蜜的夢鄉。這時候，蝙蝠出動了，牠

整整忙了一個通宵。第二天清晨，麻雀醒來，發現蝙蝠捉的蟲子比自己捉的多得多呢！」

斯帕拉捷說到這裏，女兒突然問道：「爸爸，蝙蝠爲什麼要在晚上捉蟲子呀？牠怎麼看得見呢？」女兒提出的問題，讓斯帕拉捷愣了一下。是啊，蝙蝠在夜裏怎麼看得見呢？這一問引起了他的思考，當時還沒有人注意到這個現象，更沒有人對此做出合理的科學解釋。斯帕拉捷想了想，便對女兒說：「也許蝙蝠有一種特殊的能力吧！」「牠有什麼特殊能力呢？」女兒還是追問著，這下讓斯帕拉捷爲難了。

斯帕拉捷順著這思路想下去，「牠有什麼特殊能力呢？」靈感突然出現：蝙蝠的眼睛也許眞的有特殊能力吧！斯帕拉捷決定弄清楚這個問題。

頂著炎炎夏日，斯帕拉捷爲了找出蝙蝠究竟具有什麼特殊能力，捉了好幾隻蝙蝠，把牠們的眼睛用黑布蒙上。晚上，他把這幾隻蝙蝠放了，只見牠們抖動著雙翅，依舊自由自在地飛翔。他覺得奇怪，看來，蝙蝠夜裏飛行跟牠的眼

睛沒有太大的關係。那麼，也許是蝙蝠的鼻子在起作用吧！於是，他又抓了幾隻蝙蝠，塞住牠們的鼻子，再放出去，結果發現這仍然沒有影響牠們的飛行。「爸爸，你爲什麼把蝙蝠捉了又放掉？」小女兒太好奇了。斯帕拉捷說；「小寶貝，這是爲了找到能讓牠們夜間飛行的特殊功能。」之後，他又嘗試了翅膀等其他部位，可是蝙蝠仍然飛得自由自在。現在就剩下耳朵了。可是耳朵怎麼會跟夜間飛行有關係呢？斯帕拉捷抱著最後希望，塞住蝙蝠的耳朵，然後把牠們放飛。奇蹟發生了，這次放飛的蝙蝠東碰西撞，無法辨認方向，也無法辨認周圍有沒有障礙物，很快就跌落下來。斯帕拉捷終於明白了：原來，蝙蝠是靠聽覺來判定方向、捕捉目標的。

至於爲什麼蝙蝠的耳朵能夠辨別方向？這個問題斯帕拉捷還是沒有弄明白。

後來，根據斯帕拉捷的研究，人們發現原來蝙蝠的喉頭會發出一種高頻率聲波，超出人類耳朵所能聽到的聲波振動頻率（每秒鐘十六～二萬次之間）。後

來人們就把這個叫做「超音波」，因為這種聲波振動超過了每秒鐘二萬次，而這正是發現超音波的開始。超音波為科學發展提供了廣闊的天地，在現代科技中，它被廣泛應用於航海、航空、工業和醫學等領域，成為測量、勘探的重要工具；它增強了人類征服自然的能力，充分證明了人的創造性思維會帶來如何巨大的財富！

第3節．口水裡的表皮生長因子

萊特．蒙塔爾奇尼是一位多年從事神經病學研究的科學家。有一次，她看見動物用舌頭舔自己的傷口，過幾天傷口癒合了。這件事引起她的興趣，經過多次觀察，她有一個偉大的靈感：動物唾液中必定有什麼能促進細胞生長的物質。於是她以此爲主題，進行研究。西元一九五二年，她從小老鼠的唾液中提取了一種酶，發現它對交感神經的生長和功能表現確實有極爲突出的影響，因而命名爲「神經生長因子」。

科恩在華盛頓大學任研究助理，也參與了神經生長因子的研究。一九五九年，科恩在設法進一步認識神經生長因子的過程中，偶然發現若給新生小老鼠注射唾液腺的萃取液，能促使幼鼠提早開臉和長牙，他由此聯想到萃取液中可能有直接刺激表皮生長和角質化的物質。

不久，他成功地從小老鼠唾液中萃取了另一種熱穩定分子量較低的酶。實驗證明，這種酶具有上述性質，因而命名為「表皮生長因子」。

生長因子的研究由此而生，二十多年來已取得豐碩的成果。它給癌症、燒傷和骨折等許多常見傷害的治療帶來了希望，也為發育畸型、少年癡呆症、心肌梗塞等疑難病症的治療提供了新的途徑。

一九八六年的諾貝爾醫學獎頒給了這兩位研究生長因子的科學工作者：萊特．蒙塔爾奇尼是一位曾在美國聖路易市華盛頓大學執教的義大利科學家，科恩教授則在華盛頓大學做研究，一九六七年受聘於田納西州凡德比爾大學生物化學系。他們發現了生長因子，並闡釋這些因子的結構和功能，為醫學做出偉大的貢獻。

第4節・「相對論」的由來

長期的知識積累和片刻思維的火花巧妙結合的產物，就是靈感。愛因斯坦躺在床上的沈思、拉小提琴的神遊，正是爲靈感的突發製造了心理條件。宇宙之謎、人生之謎、精神之謎，這些都是大衆比較感興趣的，而解開謎底需要一個過程，靈感在這個過程中起了非常重要的作用。

愛因斯坦早在西元一八九五年就開始思考一個問題：如果以光速追蹤另一條光線，會看到什麼？當時他才十六歲，誰會想到當初這個奇怪的想法竟蘊含著相對論的萌芽？當時他做過種種假設，卻沒有找到滿意的答案。這個未解之謎不時糾纏著愛因斯坦，他的思想隨著光速經常遨遊在浩渺的宇宙太空。

他在瑞士專利局任職時，並沒有放棄對這問題的思考和研究。婚後，在離他家不遠的伯爾尼街上，衣冠不整的愛因斯坦常推著一輛嬰兒車散步，他每走

十幾步就停下來，從上衣口袋裏拿出紙片和鉛筆，寫下幾行數字和公式。有一次在家裏，他爬上梯子去掛一幅畫，一不小心從梯子上摔下來。他沒有顧及疼痛，而是馬上想到一個問題：人爲什麼會直直地摔下來？仔細思索後，他認識到「物體總是沿著阻力最小的途徑運動」，這對他研究思考的主題有很大的啓發。

一九〇五年的某一天，愛因斯坦突然想到：對於一個觀察者來說是同時發生的兩個事件，對別的觀察者來說可不一定是同時發生。由此便形成了相對同時性的概念，從而引導出狹義相對論的創立。愛因斯坦回憶說，一九〇五年六月的那一天晚上，他躺在床上，對於那個折磨著他的謎束手無策。他眼前似乎沒有一絲光明。但是，黑暗裏突然透出了光亮，靈感湧至，答案出現了。他馬上起身，執筆工作。他還說：「工作的那幾個星期裏，我在自己身上觀察到各種精神失常現象，我彷彿處於瘋狂狀態。」

論文《論動體的電動力學》是愛因斯坦在瘋狂狀態裏完成的第一篇有關相

對論的論文，當時世界上只有十幾個人能看懂。論文用一種嶄新的時空觀取代了牛頓關於絕對空間和絕對時間的概念，揭示了空間和時間、物質和運動的統一性。這篇論文發表在萊比錫出版的《物理學紀事》雜誌上，震撼了物理學界，這是該年九月的事。

提出狹義相對論後，愛因斯坦繼續進行廣義相對論的研究。一九一二年八月的一天，愛因斯坦拿起小提琴，一邊思考著一邊拉小提琴。拉了很長一段時間之後，他鑽進工作室。一星期後，他臉色蒼白地走下樓來，然後把他的成果擺在妻子面前，白紙上寫的就是後來震驚全世界的廣義相對論。

第5節・銫的發現

德國化學家本生和物理學家基爾霍夫合作研究光譜，發現光譜就是元素的身分證，可以用光譜分析法鑑定物質的組成。

他們用光譜分析法分析了花崗石、煙灰、牛奶、血液、豬肉等物品，瞭解這些物質的組成。但是，分析來分析去，他們發現組成這些物質的元素都是已知的常見元素。

他們的光譜分析法非常靈敏。在純淨的條件下，百萬分之一克的物質在煤氣燈下發出的光，光譜儀也能感測並鑑別。它的靈敏度就像一條獵狗的鼻子，聞到極微量的氣味，就能知道氣味是誰發出的。

他們在研究的過程中還有其他的新發現。他們發現了以前認爲極爲稀少的「鋰」元素，也存在於茶葉、香菸裏。本生由此心生靈感——有了這種新武器，

何不用來尋找新元素呢？

本生是一個很有想象力的人，他相信一定還有新的元素沒有被人類發現。他找來各種礦石、泉水、海水，凡是找得到的物質，他都要在分光鏡中對它的光譜檢測一番。這眞如大海裏撈針。世界上要檢測的東西太多了，人們不知道新元素隱藏在什麼地方，只能像捉迷藏一樣地到處尋找。

不過本生並沒有因此放棄，他不急不躁，有條不紊地做著光譜分析，一種物質分析好了，再分析另一種。有一次，有人給本生送來杜爾漢礦泉水，這是一種能治病的水。人們並不知道這水爲什麼能治病，也不清楚它的組成。

本生拿起鉑金絲，取出一滴礦泉水，放在煤氣燈上的火焰中，從分光鏡裏觀察它的光譜，發現水裏有鈉元素、鉀元素、鋰元素，還有鈣和鍶，但沒有出現新元素的光譜。沒有看到新的光譜線，本生有點失望。但是他想，如果這種礦泉水裏的新元素含量非常低，就可能看不到它的光譜線。想要看到可能存在的少量新元素，必須提高它的濃度。

他把這種待分析的礦泉水進行蒸發濃縮，再用鉑金絲取一點放到煤氣燈上燃燒。卻還是沒有發現新的光譜線，只看到一些常見的光譜線，而且非常強烈。他想，濃縮以後，可能存在的新元素濃度提高了，但常見元素的含量也提高，而且含量比可能存在的新元素高得多，發出的光譜有可能擋住了微量新元素的光譜。

如果礦泉水裏有新元素的話，必須先分離這些常見元素，才能讓新元素無處躲藏。

他分離了溶液中的鈉元素、鋇元素等含量很大的常見元素，把它們一個一個分離掉。他取出一點放在火焰上燃燒，這一次，光譜比較簡單了。他發現兩條陌生的光譜線。

那是兩條淺藍色的光譜線，位置在鈉元素、鉀元素的光譜線附近。前幾次，由於鈉元素等的光譜線非常強烈，把它擋住了。這就像白天看不到星星，並不表示沒有星星，而是因爲強烈的陽光把星星微弱的光線擋住了。

那是兩條從來沒有發現過的光譜線，本生非常激動。爲了確定自己發現了新元素，他將新發現的光譜線與所有已經發現元素的光譜線一一對照，沒有發現任何一個已知元素的光譜是這樣的。

就這樣，本生發現了一種新元素的蹤跡。他給它起了名字，叫做「銫」，拉丁語的意思是「天藍」。

靈感有時好比多長出來的一隻眼睛，它讓你看到了常人所看不到的東西。沒有靈感，探索就沒有方向；反之，沒有不斷的探索，靈感也就失去了光彩。

第6節・顫動的針

靈感只不過是思維潛能的激發。有「思」才能有「感」，有「感」才能有「靈」。

愛迪生在研究改進電話機傳話器的時候，發現傳話器裏的膜板會隨著說話的聲音而有相應的振動，於是想進一步探討這種振動的幅度到底有多大。但因爲他耳朵有障礙，只得用觸覺來代替聽覺。他找了一根很短的針，一頭豎在膜板上，一頭用手指輕輕按著。對準膜板一講話，手指頭便覺得短針在顫動。聲音低，顫動就慢；聲音高，顫動就快。而且聲音聽起來很清楚。

愛迪生對於這一發現極感興趣，於是接二連三地試驗，結果都是一樣。他端詳著那根短針，靈感突發：「說話的聲音能使短針顫動，那麼，將這種顫動逆向還原，一定也能發出原先說話的聲音。」想到這裏，只覺眼前一亮。早在

當報務員的時候他就想過，要是有一種靈巧的設備，能把各種各樣的聲音「貯存」起來，什麼時候想聽，拿出來一放便聽得見，那就好了。他這個沈睡在心底好多年的想法突然被喚醒，全是拜這根短針顫動之賜。

他忽而凝神沈思，忽而站起來踱步，忽而又像抓住了什麼，衝到工作臺前埋頭伏案。時值盛夏，大熱天的煤氣燈下飛蛾成群飛著，發出嗡嗡的聲響，但是他對於這些渾然不覺。到底該用什麼材料「貯存」聲音呢？他先用紙條試，再換膠板、白堊，結果都不能令人滿意。他左想右想，直到深夜，才想起用蠟紙。他趕忙跑到材料庫裏拿來蠟紙，小心翼翼地安裝在自己設計的機器上，一試，效果很好。他禁不住笑顏逐開，提筆在記事簿上寫道：我用一塊尖端突起的膜板，對準急速旋轉的蠟紙，話音的振動便非常清楚地刻在蠟紙上。實驗證明，人的聲音可以貯存起來，日後有需要再隨時播放出來。

從這天起，實驗室的記事簿上便常常出現關於刻記聲音的實驗記錄。到了八月十二日，記事簿上突然出現了「留聲機」三個字。這三個字表示：一項新

的科學研究成果，就像懷胎十月的嬰兒，即將呱呱墜地；一個憧憬已久的理想，馬上就要成真了。

十一月二十九日早晨，愛迪生把繪圖能手克魯西叫到辦公室裏，不聲不響的從筆記本撕下一張紙，笑眯眯地遞到克魯西手裏。克魯西一看，紙上畫著一部怪里怪氣的機器草圖：一個金屬大圓筒，邊上刻著螺旋槽紋，架在一根長軸上；長軸一頭裝個曲柄，搖動曲柄，大圓筒也會跟著一塊兒轉動；另外還有兩根金屬小管，管的一端都裝有一塊中央有鈍頭針尖的膜板。克魯西琢磨了半天，還是不知這部機器是幹什麼用的，又不好問，只好說：「你什麼時候要？」愛迪生說：「馬上照圖樣做出來，越快越好！」

克魯西立刻跑到廠房，把機器製作出來，又「咚咚咚」地捧到樓上，請愛迪生過目。愛迪生接過機器，左瞧右看，看了有吸一支菸的功夫。這個時候，工廠主任卡門正好有事找愛迪生，看到這部機器也感到奇怪。他和克魯西再也忍不住了，就問愛迪生。

克魯西：「愛迪生先生，這到底是什麼玩意兒呀？」

愛迪生：「是會講話的機器，克魯西。」

克魯西：「會講話的機器？你別跟我開玩笑了！」

卡門：「你要是能叫它開口說上一句話，我願奉送一盒特級雪茄。」

克魯西：「只要說上半句，我認輸一大簍蘋果。」

愛迪生：「行呀，靈不靈當場試驗。要是講不出話來，這一盒雪茄，一大簍蘋果，算我的。」

一番玩笑之後，試驗開始了。愛迪生讓克魯西拿來一張錫箔，把它包在刻有螺旋槽紋的金屬圓筒上，然後搖動曲柄，大圓筒跟著轉了起來，可是沒搖幾下，只聽「嚓」的一聲，剛剛裹上去的那張錫箔就碎裂脫落，紙片飄落地上。要不是嘴捂得快，卡門差點笑出聲來。他偷偷朝克魯西擠擠眼睛，意思是說：「瞧，連轉都不轉，還講話呢！等著抽雪茄，吃大蘋果吧！」克魯西得意地把肩膀一聳，心想：「就算錫箔沒碎裂，光這麼轉，也轉不出話來呀！」

他們正高興的時候，愛迪生已裹上第二張錫箔。他這次做得格外仔細，還用膠水把接縫的地方牢牢粘住，再把圓筒前後轉幾下，確定沒有問題了，才開始試驗。克魯西和卡門在旁邊靜靜地看。愛迪生一面輕悠悠地搖著曲柄，一面對準圓筒前那根小管子放聲唱起《瑪麗有隻小綿羊》。歌兒一唱完，愛迪生也歇手不搖了。他把圓筒轉回原位，將剛才對準它唱歌的那根小管子撥開，拉過另一根小管子對著大圓筒，再輕悠悠地搖動曲柄。奇妙的事情發生了。隨著圓筒的緩緩轉動，機器突然開始唱起歌兒來了：「瑪麗有隻小綿羊……」字字句句，清清楚楚，跟愛迪生唱的一模一樣。

克魯西和卡門嘴巴張得好大，眼睛瞪得圓溜溜，呆住了。過了好半晌，只見克魯西面部肌肉抽動，突然迸出一句話：「我的老天爺！這玩意兒果眞會講話啊！」愛迪生笑了。

這次試驗之後，愛迪生又將留聲機做了一番改良，然後宣佈：送到紐約去，讓人們鑑賞評定。

這個消息傳到國外，造成轟動。英國郵政總局電力顧問普利斯千方百計託人到門羅公園弄來一部留聲機模型。倫敦皇家學會馬上開展覽會，舉辦講座，請普利斯向科學愛好者介紹留聲機。正準備開幕的法國巴黎世界博覽會也立即派專使前往門羅公園，邀請留聲機參加展覽。法國政府還給留聲機發了一筆獎金，贈封愛迪生爵士頭銜。

最後，美國總統海斯再也按捺不住他的好奇心，深夜把愛迪生請進白宮，與許多政府要員一樣，在留聲機旁驚歎不已地待了兩個鐘頭。

第7節．裂而不碎的玻璃

一天，法國化學家伯涅迪克看到報上刊登了一則消息：一輛公共汽車不小心撞上電線桿，車窗玻璃撞得粉碎，碎玻璃割破了司機的手臂，扎傷了乘客的腦袋，車上血流滿地，許多人受了重傷。而造成這場慘禍最可惡的兇手，就是車窗上的玻璃。

伯涅迪克馬上想到那只掉在地上不碎的燒杯，突然產生了靈感：如果用這種玻璃做成車窗，萬一遇上車禍，就不會造成碎玻璃割傷人的事件了。

話說前幾天，伯涅迪克正在實驗室裏忙碌。當他拿著一只燒杯想往裏面倒進一些溶液的時候，一不小心，燒杯掉在水泥地上。他心想，燒杯一定摔碎了。但是這只燒杯眞奇怪，雖然裂了，卻沒有碎，型狀還是完整的。他感到奇怪，拿起一看，燒杯上有無數條裂紋，但是裂而不碎。他納悶，這眞是一只奇

怪的燒杯。

爲什麼這只燒杯掉在水泥地上卻沒有碎呢？伯涅迪克一時之間想不透原因。他在燒杯上貼了標簽，寫明他的發現和有待釐清的問題，就把它好好地保存起來。

回想起這些，他立刻停下手頭的工作，細心研究起那只不碎的燒瓶。他把這只燒杯與同類的燒杯比較，別的燒杯一掉到地上，立刻碎成許多碎片，爲什麼就它不會碎呢？

後來他想到了，在這以前，曾用它來盛放過一種叫作硝酸纖維素的溶液，也許是溶液與玻璃發生了某種作用。他仔細觀察玻璃，發現有一層很薄、很堅韌的透明膜覆蓋在燒杯表面，它們是硝酸纖維素蒸發以後殘留下來的。這層膜與玻璃牢牢黏合在一起，防止了玻璃的破碎。由於它也是無色透明的，因此一點都不影響玻璃的透明度，乍看之下，好象完全不存在。

如今汽車上的安全玻璃就是伯涅迪克弄清楚燒杯不碎的原因之後，製造而

來的。他在平面玻璃上塗一層硝酸纖維素溶液，讓它漸漸蒸發，留下透明薄膜。爲了使汽車玻璃在劇烈碰撞下也不會碎裂，他在玻璃的另一面也塗上一層纖維膜，提高玻璃的安全係數。把這種玻璃裝在汽車上，萬一遇到車禍，就不怕玻璃傷人。

第8節・豌豆裏的遺傳發現

孟德爾早就十分關注生物性狀的遺傳問題。當時，關於動植物雜交的研究正進一步朝兩個方向發展：一個是園藝學家或植物育種專家爲了提高農作物的產量，透過雜交悉心培育優良的新品種；另一個，則是探索生物遺傳變異的理論研究，試圖找出生物性狀的遺傳是否有規律可循？

許多生物學家的實驗得出同一個結論：規律似乎是有的。但是，究竟是什麼規律？又爲什麼會產生這種規律性的遺傳現象？這些問題成了當時生物學家迫切需要解決的重大課題，卻不知從何處著手。

一八五六年春，孟德爾向修道院要來植物園中一塊廢棄不用的荒地。他看見正在生長的豌豆時，突發靈感，決定從豌豆著手研究，進行一種豌豆雜交實驗。在這次實驗中，他挑選了二十二個性狀穩定的豌豆品種，又選出其中七對

性狀可以明顯區分者，如黃色和綠色的葉子、高莖和矮莖、光滑的葉子和皺皮葉子、豆莢飽滿和不飽滿的等等。

他把具有成對不同性狀的豌豆進行人工雜交（例如矮莖和高莖，圓粒和皺粒等），然後把雜交產生的第一代雜交種再相互交配，並仔細記錄它們「子孫」的各種特點。

孟德爾在這個實驗上花了長達八年的時間，一共栽培了數以千計的豌豆植株，進行了三百五十次以上的人工授精，挑選了一萬多顆各種性狀的種子。豌豆實驗的結果證實了他預想的結論。一八六五年二月，孟德爾在布林諾自然科學研究會上宣佈了植物的遺傳和變異的兩條定律，這就是著名的孟德爾遺傳規律。布林諾自然科學研究會刊發表了孟德爾的這篇演講稿，標題是《植物雜交實驗》。

遺憾的是，這篇價值非凡、論證嚴謹的科學著作沒有引起世界科學界的重視。布林諾自然科學研究會當時與各國一百二十多個科研機構和高等院校都交

換出版品，因此各國學者都有機會讀到這篇不朽的作品，但是，絕大多數印本都被丟在圖書館裏無人問津，連德國植物學家——歐洲研究植物雜交的權威奈格里教授也沒有看到它的價值，只認定孟德爾的結論是實驗的偶然結果。

孟德爾在晚年，曾充滿自信地對尼耶塞爾教授說過：「我的時代一定會到來！」但直到孟德爾去世後十六年，他的名作《植物雜交實驗》正式出版三十四年，這一預言才終於實現。

孟德爾於一八八四年一月因心臟病發作逝世。《布林諾日報》曾發表對孟德爾的頌詞：「他的逝世使窮人失去了一位濟助者，使人類失去了一位品格高尚的人，一位熱心的朋友，一位自然科學的促進者，一位模範的神父。」

一九〇〇年，三位不同國籍的學者不約而同的重新發現孟德爾遺傳定律。這一年成了遺傳學史乃至生物科學史上劃時代的一年。從此，遺傳學發展進入了孟德爾遺傳學的新時代。

「不論是貴族還是平民，不論是宗教界還是科學界，沒有人知道這位死去的

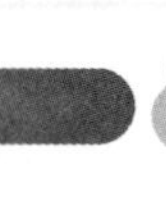

修道院長，竟是現代遺傳學的奠基人，一位堪與伽利略、牛頓、哥白尼、達爾文相提並論的科學巨人。」

一九〇一年，世界各國學者為紀念這位現代遺傳學的發現者和奠基人，集資在布魯諾修道院前的廣場上，替孟德爾立了一尊大理石雕像，並刻上銘文。

第9節・急中生智下的海龜奇戰

北美獨立戰爭爆發後，美國人民在華盛頓總司令的領導下，紛紛拿起武器和英軍決戰，將英軍從大陸趕到海上。佔有海上優勢的英軍便集結大批戰艦，輪番砲擊美國海防陸軍，美軍傷亡慘重，軍中一片悲憤。當時有個叫達韋・布希內尼爾的士兵，他認爲應該趕快想出對付敵艦的辦法，光悲憤是不管用的。

布希尼爾一直在苦思，怎樣才能出其不意地出現在敵艦附近，將英軍打敗？那天晚上，布希尼爾與幾個士兵一起到海邊散步，海水很清澈，水中生物歷歷可見。就在這天晚上，他有了靈感。

他們看到一群小魚自由自在地悠遊水中，像是在覓食，又像是在玩耍。突然，一條大魚悄悄潛游過來，游到小魚的下方之後，猛地朝上一躍，咬住了一條小魚，別的小魚嚇得四處逃竄。士兵們見了海底世界的這場「海戰」，覺得十

分有趣，然而布希內尼爾卻大受啓發：原來笨拙的大魚就是這樣逮住機靈飛快的小魚，我們若能製造一艘像大魚那樣的船潛在水中，就能神不知鬼不覺地鑽到英國戰艦底下去放水雷……他就這樣一直想著，愈想愈入迷。

「我有辦法炸沈它了！」同袍聽得莫明其妙，於是布希尼爾對大家詳細說明自己的想法。

同袍聽後都認爲這是個好辦法，但是魚在水中能自由地上浮下沈，船就不同了，讓它浮在水上好辦，可是它能沈到水中嗎？

是啊，怎樣才能使船既能浮上來又能沈下去呢？布希尼爾被問得啞口無言。魚爲什麼能這樣呢？「對！魚能一會兒浮到水面，一會兒潛到水底，靠的就是肚子裏的鰾，我們也給船仿造一個鰾，問題不就解決了嗎？」這想法使他異常興奮。後來，就根據這個想法，布希尼爾帶領大家眞的造出了一艘可在水下潛行的秘密船。他們本來是想製造成魚的外形，但完成之後卻像隻烏龜，因此就爲它取了個代號「海龜」。

「海龜」的底部有個類似魚鰾的水艙，這是它奧妙之處，而且在水艙內還裝有兩個水泵，船要下沈時，就用水泵往船艙裏灌水；要上浮時，就把艙裏的水排出，將空氣壓進水艙。布希尼爾還仿照魚鰭的功能，在「海龜」外部安裝了兩具螺旋槳，一具管進退，一具管升降。此外，「海龜」尾部還有舵，可以控制航向。

海龜竣工時，布希尼爾當天晚上就帶著幾個士兵，駕著「海龜」悄悄駛近英國戰艦，然後潛入水中，一直潛到英國戰艦底下。他們想利用「海龜」頂部的鑽桿鑽穿敵艦，然後放水雷。沒想到英艦底部包了厚厚的一層金屬外殼，他們鑽了一個多小時也沒鑽透。

這時夜已深，海天俱黑，根本辨不清方向，他們決定先上浮換換氣。不料，「海龜」剛浮出水面就被英軍發現了，他們開動戰艦追過來。「海龜」嚇得直後退，但速度怎麼也快不起來，眼看就要被敵艦撞得粉身碎骨。千鈞一髮之際，布希尼爾急中生智，卸下備用的水雷，點著引信後，趕緊鑽進「海龜」

潛入水中。正當英艦尋找怪物的去向時，突然一聲巨響，戰艦頓時起火，英軍邊救火邊掉頭逃難，惟恐怪物再悄悄追來。從此，英艦再也不敢肆無忌憚地在美國沿海耀武揚威了。

後來，以「海龜」爲基礎，人們不斷改良，製成了新的神秘武器——潛水艇，在海戰中大顯神威。二戰期間，僅德國的潛水艇就擊沈了英美大西洋艦隊數百艘運輸船，使盟軍的運輸線遭受嚴重的破壞。

第10節・潮汐牽動的人體變化

地球與星球之間有相互引力，所以月亮繞著地球旋轉。這種引力對地球上的很多東西都產生影響，對人體會不會也造成影響呢？這個問題以前沒有人提出過，更沒有對此進行探討。

靈感隱藏在世界的四面八方，遊走於大腦的各個角落，只要你對世界感興趣，對思考感興趣，那麼成功的靈感就會在大腦的各種閃念之間迸發。

精神病學家利伯在海灘上度假，面前是茫茫大海，海面上白帆點點。起先漲潮了，潮水嘩嘩地湧向海灘，浸沒了一大片海邊的沙地。又過了好一會兒，潮水退了，退到大海深處。利伯突發靈感：月亮產生的引力能引起海洋捲起大潮，人的身體也是一個液體的海洋，它會不會引起「身體的潮汐」呢？人的大腦組織含有豐富的水（大約八〇%左右），也是一個小小的海洋，那麼月亮的引

力對人腦會不會有影響呢？這問題引起了利伯的興趣。

利伯在日常研究中發現，每當月圓之夜，精神病院裏的病人病情會加重，新入院的精神病人也會增加。一些躁症病人會情緒激動，無法平靜。這些平時不經意儲存的知識，在他看到大海潮起潮落時引發了聯想，想要探究「月亮與人」到底有什麼關係？

後來利伯開始進行廣泛的調查，研究月亮與人的生理、行為、精神的關係。研究發現，月亮的圓缺對人具有明顯的影響。

利伯從大量調查中發現，月圓時，心臟病患的發病率增多，出血病患增加，部分肺病患者容易發生咯血現象，消化道出血的病人病情會加重，危險性增加，死亡率較平時要高。因此，醫生們不主張在月圓時對病人進行手術。

利伯又成立小組調查了月亮對出生率的影響。研究人員對五十萬個嬰兒的出生時間進行調查，統計分析顯示，多數嬰兒出生於虧月，即下弦月，而不是出生於盈月。德國嬰兒的出生率統計顯示，德國嬰兒的出生也與月亮有一定關

係，這是因爲月亮會影響子宮的收縮。

調查結果又證實，月亮的圓缺對人的情緒會產生影響。根據精神病院的統計分析，在月圓之夜，精神病人的發病率較平時爲高，躁症病人精神特別亢奮，意識比平時更加紊亂，不少精神病患在月圓之夜發作。

月圓時犯罪率升高，酗酒、服毒、兇殺、鬥毆的案件比平時明顯增多。火警比平時多出二十五%～三十%。交通事故也比平時要多。這些都說明了月亮對人的情緒產生影響。火警增加，車禍增加，鬥毆增加，自殺率增加等，都是由於人的情緒躁動，自制能力減弱而引起的。

月亮對人的生理、行爲、精神具有一定的影響。但造成影響的原因何在？如果只能說明某種現象的存在，但不能解釋這種現象產生的原因，那還不是一項完整的創造性研究。

利伯借用潮汐學說，用引力論來說明月亮對人的行爲等方面的影響。他認爲，月亮離地球最近，對地球產生強大的引力，才產生了潮汐，日日夜夜潮漲

潮落。而月亮的圓缺，也會引起潮汐的高潮和低潮。人的身體，特別是大腦，含有八〇%的水分，就像大海，月球強大的引力會引起大海的潮汐，也會引發大腦中的「潮起潮落」，對大腦中生化物質的分泌和大腦的功能產生影響，進而引起人的情緒和意識變化。人的行爲是由意識控制的，意識控制能力的變化，也就引起了精神病發生率、犯罪率、火災率、車禍率等方面的變化。月亮的圓缺還對子宮的收縮、血液的流動等生理過程產生影響，造成嬰兒出生率和出血病人發病率的變化。

月亮雖然遙遠，但它不斷影響著人類。以往人們忽視了這一點，而利伯卻從潮汐聯想到人、聯想到大腦這片海的起落，發現並解釋了月亮對人類行爲、生理精神等方面的影響。他的理論開拓了一個新的醫學領域，揭示了天體對人體健康的影響。

第11節・捕捉天上電電的電瓶

雷電是什麼？爲什麼會發生雷電？數千年來，人們一直認爲它是上天的警告，是雷神的震怒。直到十八世紀，美國科學家佛蘭克林追根尋底，才弄清楚雷電發生的原因和本質。

炎炎夏日裏，不時會出現雷聲隆隆，閃電輝耀，接著大雨滂沱。雷電有時引起熊熊大火，燒毀森林，擊倒建築……

一七四六年，四十來歲的美國科學家佛蘭克林聽了英國科學家史賓塞關於靜電反應的演講，看了靜電儀器萊頓瓶的放電實驗，開始迷上電學。他買了一套萊頓瓶進行研究，做出一個原始的蓄電器。但是這種蓄電器是有危險的，它放出的電火花能點燃酒精燈，殺死火雞。

有一次，佛蘭克林的妻子黛博拉不小心碰到萊頓瓶，萊頓瓶爆出一串串藍

色火花，響起陣陣劈啪聲，黛博拉嚇了一大跳。她被電瓶裏的電狠狠地痲了一下，嚇得她渾身發抖，臉色慘白。

這件事引起了佛蘭克林的注意，靈感隨之湧現：萊頓瓶與雷電對人的作用是多麼地相似啊！萊頓瓶裏面儲存的電荷與雷電又是多麼地相似啊！它們都能發光，光的顏色相同，光線都是曲折的，運動都很迅速，都可以由金屬傳導，都會發出劈啪響聲，通過物體時，都能使物體分裂，都能殺傷動物，都能熔化金屬，都能燃燒易燃物質，都有硫磺一樣的氣味……這種種相似難道是偶然嗎？

他想，天上的雷電是否也是一種像萊頓瓶一樣的電呢？他在筆記中寫道：「目前我還無法證明，天空的閃電是否也有這種特性。不過它既然跟磨擦產生的電有十二點相同之處，這個特性看來無法被排除。」也就是說，天上的雷電並沒有什麼神秘，也是一種放電現象，它與萊頓瓶的放電在本質上是一樣的。根據這些想法，佛蘭克林分析雷電產生的原因，並且把這些分析寫成了論文《論

雷電與電氣之相同》。

佛蘭克林為了驗證天上雷電的本質，他在一七五二年的夏天做了一個轟動世界的實驗。一個烏雲密布的日子，他與兒子在費城郊外放風箏，這只風箏上綁了一根金屬導線，佛蘭克林準備用它來捕捉閃電。放風箏的絲線在雨中可用作導電的電線，它的頂端連著一把鑰匙。

不一會兒，天上響起驚雷，暴雨傾盆而下，風箏和繩子都被雨打濕了。當風箏所在的雲層亮起閃電的時候，繩子上細小的纖維都豎了起來。用手靠近鑰匙，鑰匙發出劈啪聲。把鑰匙連上萊頓瓶，原來不帶電的萊頓瓶也帶電了。也就是說，天上的雷電被捉進萊頓瓶裏了。佛蘭克林回到家，告訴妻子自己捕捉到天上的雷電時，妻子臉色發白，她哀求佛蘭克林：「不要讓上天發怒，不要毀了這個家。」

佛蘭克林終於弄清楚雷電的產生，是由於雲層放電。從追究雷電產生的原因開始，佛蘭克林不僅認識了雷電產生的原因和本質，還發明了避雷針。他利

用尖端放電現象，把電流引向大地，保護建築物不受雷擊。他在自己住家的煙囪頂上安裝了一條尖尖的鐵棒，又在鐵棒連上一根金屬導線，線的外緣加以絕緣，然後埋在地下。這樣，雷電被引入地下，打雷下雨時，就不用再擔心住屋受到雷電的破壞了。

佛蘭克林因爲發現雷電的原因而找到了制伏它的辦法。他是第一個對雷電做科學思考的人，也是第一個發明避雷針而戰勝兇暴雷電的人。

第12節・書中自有靈感泉源

對於托勒密地心學說的研究，哥白尼原本只是想在原有的理論體系基礎上稍作改進。後來，經過深入分析前人和自己的天文觀測資料，他發現托勒密的理論雖然與觀測相符，卻把天空圖像搞得亂七八糟，毫無統一性和規律性。他才認識到必須另闢蹊徑，另創學說，因爲只是改進托勒密理論是走不通的。

哥白尼爲了尋找新的想法和觀點，查閱了古希臘和古羅馬的許多文獻，他欣喜地發現，在西塞羅（西元前一〇六年～西元前四十三年）等人的著作中已逼眞描述過地球的運動。這像明燈一樣，照亮了哥白尼摸索前進的道路。他激動地說：「既然前人可以憑著想象圓周運動來解釋星空現象，那爲什麼我不能設想地球有某種運動呢？」

哥白尼日夜思索著地球運動的問題。他想起一位詩人的名句：「我們離港

向前航行，陸地和城市後退了。」他從中捕捉到了靈感，悟出運動相對性的道理。他認爲，假設地球在運動，則地球上的人就會感到地球外物體往反方向運動。經過多年悉心研究，哥白尼得出了地球不是宇宙中心的結論。他在一五一〇年寫成的《淺說》初稿中，毫不含糊地指出：太陽是宇宙的中心體，地球和行星都圍繞著太陽運動，只有月亮是眞正繞著地球旋轉。之後，哥白尼又根據親自獲得的二十多項新的觀測事實，以及大量複雜的數學計算結果，對初稿做了許多修改和補充。一五三〇年，他終於圓滿地完成了日心說的建構。日心說在後來被公認是哲學思考、實際觀測和數學計算的傑作。

由於托勒密的地心說在當時已經成爲維持教會統治的神學理論基礎，哥白尼深知發表日心說的後果，他這樣寫道：「我清楚地知道，一旦他們明白我的天體運行論證認爲地球是運動的，一定會把我送去宗教審判……」

正因爲如此，哥白尼遲遲不願發表他的著作。直到一五三九年春天，在德國青年學者雷迪卡斯（一五一四～一五七六年）和其他朋友的敦促下，哥白尼

才同意發表。當時商定，先由雷迪卡斯出版一本名叫《哥白尼天體運行論的初步介紹》小冊子，再由哥白尼親自做出重要的修改。一五四一年秋天，雷迪卡斯把修改稿帶到紐倫堡，請路德教派的一位神學家奧辛德匿名撰寫一篇前言，宣稱「這部書不可能是一種科學的事實，而是一種富於戲劇性的幻想」。在這樣的鋪陳下，才於一五四三年三月用《天體運行論》書名出版，全書共有六大卷。這眞是一部「千呼萬喚始出來」的著作，從寫成初稿到出版，前後竟擱置了近「四個九年」。

哥白尼的《天體運行論》發表以後，果然立即遭到著名的宗教改革家馬丁·路德（一四八三～一五四六）的攻擊。他罵哥白尼是瘋子、傻瓜。神學界也發起了聲勢浩大的圍剿。最初，梵蒂岡態度曖昧，後來竟蠻橫地宣佈日心說是異端邪說，把《天體運行論》列爲禁書。但是，眞理終究要戰勝邪惡。到了十八世紀，克普勒總結出行星運動三定律，牛頓發現了萬有引力，使哥白尼的學說獲得更加穩固的科學基礎，終於得到普遍的承認。

哥白尼創立的日心說，不但是天文學上的一次偉大革命，推動了天文學研究的飛速發展，而且引起人類宇宙觀的重大革新，重重打擊了封建神權的統治，自然科學從此便開始從神學中解放出來，科學發展得以踏著大步前進。

第13節・翻閱雜誌就有大發現

在加拿大醫師班亭發現胰島素之前，糖尿病對於人類來說是一種無法醫治的頑症。是一個偶然的機會，打開了當時仍是鄉下醫生的班亭思路。

一九二〇年十月的一天，班亭翻閱一本醫學雜誌，不經意看到這樣的論述：一八八九年，奧斯加・緬科夫斯基和胡思梅林發現，如果切除狗的胰腺，狗會得糖尿病。看了這則消息，班亭不由得靈機一動：難道糖尿病與動物體內的胰腺有關？難道這裏面隱藏著一條通往治療糖尿病的路？他暫時擱下行醫工作，來到加拿大多倫多大學，想借助學校的實驗室進行實驗，提煉一種治療糖尿病的物質。

在大學教授的眼裏，班亭的想法是異想天開，但他們還是把實驗室借給了他。班亭起初用結紮胰腺的方法，但沒有成功。他後來把狗的胰腺取下來搗碎，從中萃取一部分，再注射到罹患糖尿病的狗身上，結果成功了。後來，整個多倫多大學醫學研究室的工作人員都投入這項實驗，發現這種能治療糖尿病的物質就是胰島素。

這一發現爲糖尿病患者帶來福音，他們因接受胰島素的治療而恢復了健康，班亭因此獲得了一九二三年諾貝爾醫學獎。

第14節．散步走出了工業大革命

靈感是無處不在的，靈感的迸現，可以在床上，可以在路上，可以在馬桶上……只要你善於思考，哪裡都有靈感。

英國發明家瓦特，二十歲就在英國格拉斯哥大學工作，負責修理教學儀器。一天，格拉斯哥大學裏的一台蒸汽機壞了，校方讓瓦特修理。經過反覆檢查，瓦特發現這種蒸汽機有嚴重的缺點。它的汽筒裸露在外，四周的冷空氣使它的溫度逐漸下降，蒸汽放進去，氣筒還沒熱透，就有相當部分變成水，白白浪費了大約四分之三的蒸汽。瓦特決心對蒸汽機進行改造，提高它的熱效率。爲此，瓦特整天思考著，呆想著，去圖書館查閱資料，跟別人研究探討。儘管他這樣盡力，還是找不到好辦法。

一個晴朗的夏日清晨，瓦特起床後，走到鳥語花香的校園裏，在綠茵茵的

草坪上散起步來。突然，他腦中電光一閃，冒出一個靈感：如果在氣筒外加上一個分離凝結器，使氣筒與凝結器分開，就可以解決熱量浪費的問題了。

瓦特茅塞頓開，立即跑回工作室，夜以繼日地實驗，終於成功創造出高效率的新型蒸汽機。一七六九年，他取得了「降低蒸汽和燃料消耗量新方法」的專利。

之後，瓦特又多次改進蒸汽機，使它在農工業中得到廣泛應用，對推動工業革命起了重大作用，瓦特也被人們譽爲「蒸汽機大王」。英國格拉斯哥喬治廣場於一八三二年樹立了瓦特銅像，紀念他的發明及他對工業革命的貢獻。

第15節・法國「波爾多液」的由來

法國葡萄酒之所以享譽全世界，在於法國盛產葡萄，葡萄品種優良，粒大味甜。尤其是梅杜克這個地區，可以說是法國的「葡萄之鄉」。

梅杜克地區的人豐衣足食，日子無憂，主要原因是葡萄年年大豐收。可是一八七八年，一場災害從天而降，葡萄露菌病肆虐整個梅杜克葡萄產區。人民深受其害，個個叫苦連天。他們眼睜睜看著葡萄葉枯黃，一串串就要成熟的葡萄裂開了口，慢慢腐爛，辛勤栽培的果實就要化爲泡影，人們急得掉淚，趕忙用傳統藥物——菸草和硫磺的混合劑噴灑，但仍然無濟於事。露菌病照樣蔓延，人們束手無策。

雖說災情十分嚴重，但梅杜克災區卻有一塊風水寶地，名叫波爾多城。這兒的葡萄枝繁葉茂，碩果累累，一派大豐收的景象，與災區的情景恰恰形成鮮明的對比。這現象使過路的人看了驚奇，無不投以羨慕的眼光。於是就有人向當地人討教他們葡萄不受災的秘訣，他們卻說自己沒有什麼竅門。迷信的認爲全靠老天保佑，沒有什麼科學知識的人大多信以爲眞。受災的第一年，有的人還半信半疑，待到第二年收穫季節，其他葡萄產區大幅度減產，有的甚至一粒不收，而這個地區居然又是大豐收，這下迷信老天的人就更多了。

消息就這樣不脛而走，愈傳愈廣，沒過多久，波爾多大學植物學教授米亞盧德也得知了這消息。他由此產生了一個靈感：這個園主或許有防治露菌病的高招吧！他決定去波爾多市郊的葡萄園實地調查一下。

米亞盧德首先觀察了果園的土質，葡萄的樹種，周圍的環境、水源、肥料等，花了一番功夫，卻沒有發現。他只好找園主仔細詢問，從澆水、施肥、剪枝以及噴藥的具體細節問起，以求找到問題的突破點。但得到的還是同樣的答覆，他並無什麼新招，都是按照老祖宗傳下來的做法，而且許多年來一直都這麼做。米亞盧德繼續追問，想知道園主用過什麼與衆不同的、獨特的栽種。

但見園主摸著腦袋，有點支支吾吾，欲言又止，彷彿有什麼難於啓齒的話，於是他說：「您只管說，沒關係，別人的葡萄減產，您的都豐收，這又不是醜事，是件光榮的事嘛！」

「說出來怕人好笑。有這麼一件小事，就是以前每年都有很多人喜歡偷摘我的葡萄，去年我噴了一點石灰水和硫酸銅溶液，別人就不偷摘了，所以我才能豐收。今年也噴了。」彷彿找到了可以傾訴的對象似的，這位園主既打開了話夾子，便滔滔不絕起來。

「您不知道，我這園子就在路邊，每天過往行人很多，偶爾有人摘幾顆不算什麼，但大家都來摘我就受不了。派人看管吧，沒那麼多功夫。以前我年年都爲此事傷透了腦筋。去年，我想起冬季用石灰水、硫酸銅刷抹和噴灑葡萄藤都可以防蟲，這一白一藍的東西都有一股怪味，我想，若將這兩種東西噴到葡萄上，人們大概就不會動這又髒又難聞的小東西了。於是我真的將石灰水和硫酸銅溶液混合在一起，噴到葡萄上，葡萄就變得藍不藍、白不白，醜陋難看，氣

味難聞，路人連看都不願多看幾眼，就匆匆走開了。我心裏暗自高興。去年竟沒丟失一粒葡萄，於是今年我又這樣做了。這就是我豐收的秘訣，可不許外傳，嘿嘿！」

米亞盧德聽了園主這番話之後，心裏頓時明白了一大半。他認爲噴藥「防偷」只是次要的作用，重點不在這裏，是在於「防蟲」。敏感的科學家馬上抓住這一點，迅速對石灰水、硫酸銅及其混合劑進行研究。他很快就掌握了它們的特徵，同時對露菌病進行深入研究。經過反覆實驗，他弄清了這種溶液能防病的原因：原來，這種溶液噴灑到葡萄上，硫酸銅溶解後產生銅離子，有阻礙露菌病黴孢子發育的作用，這樣病菌就失去繁殖的溫床。米亞盧德以實驗爲根據，配製出一種防治病害的藥物。這種新農藥該叫什麼名字呢？米亞盧德是從波爾多市郊的葡萄園得到啓發，才做出這種新藥，於是就以這個城市的名字，將農藥命名爲「波爾多液」。從此，這個名字就在全世界傳開。

第16節・出自傷口的無煙彈

瑞典化學家、工程師和企業家諾貝爾，曾經發明黃色炸藥及其他威力更大的炸藥，是諾貝爾獎的創設人。

十六歲時，諾貝爾就能說得一口流利的英、法、德、俄、瑞典等語言，並展露出化學方面的才華。一八五〇年，諾貝爾曾赴巴黎進行化學方面的深造。之後，他用硝化甘油製造了工業用炸藥，因而獲得瑞典科學學會授予的金質獎章。

但是用硝化甘油生產炸藥是很危險的，因爲硝化甘油呈液體狀，一不小心就可能爆炸。一八六四年，諾貝爾生產炸藥的工廠就發生一起爆炸事件，他最小的弟弟埃米爾便是因硝化甘油爆炸而失去了生命。因而，瑞典政府明令禁止重建這座工廠，被人們稱爲「科學瘋子」的諾貝爾當時只能在湖面上的一艘駁

船上進行他的實驗。

爲了減少搬動硝化甘油時發生危險，諾貝爾想盡辦法改進生產方式。一天，他偶然發現了硝化甘油可以被乾燥的矽藻土所吸附，爲此，他用德國北部出產的矽藻土吸收硝化甘油，研製成固體炸藥。這種炸藥的安全性比原來的液態炸藥好多了，但爆炸力卻減弱，威力不如純硝化甘油。諾貝爾發誓要研製出一種既有硝化甘油的爆炸威力，又具有固體炸藥安全性能的新型炸藥，卻始終苦無良方。

一八七五年的一天，諾貝爾在實驗室工作時不小心割傷了手指頭，他順手拿來哥羅丁敷抹傷口。當天晚上，諾貝爾手指非常疼痛，使他難以入睡，他思索著爲什麼會這樣。這時，他忽然想到，硝化程度低的硝化纖維含氮量低（十一%），可溶於乙醇酒精，變成膠狀物，俗稱膠棉，和他剛剛敷用的哥羅丁形態十分相似，只要在硝化甘油中加入少量硝化纖維的膠物，即可製成一種新型的炸藥。這突如其來的靈感使諾貝爾異常興奮，他顧不得手指的疼痛，立即進行

實驗。

就這樣，經過反覆實驗，膠質炸藥終於誕生了，它的爆炸威力比硝化甘油更高，又具有更大的穩定性，價格也更便宜。

一八七六年，諾貝爾取得了膠質炸藥的專利。之後，又過了十年，諾貝爾研製出最早的硝化甘油無煙炸藥，再創他研究生涯中的又一次高峰。

第17節・換個思維靈感自來

法拉第對現代生活的貢獻眞是不可估量。

「把磁變爲電。」這是法拉第於一八二二年在自己的筆記本中寫下的一句話。他的靈感其實是來自大衛的一項實驗啓發。

就在法拉第萌生這個想法的兩年前，也就是一八二〇年，經由實驗，大衛證明：一塊鐵的外面繞上通電導線，這塊鐵就會被磁化。大衛的這項實驗使法拉第突然想到：既然電可以轉變爲磁，那麼，反過來，磁是不是也可以轉變爲電呢？磁是一種取之不盡、用之不竭的東西，如果實現了轉磁爲電，就等於發掘出一種新的能源，這種能源的功用將是無可估量的。讀到這裏，相信聰明的你一定已經意識到研究這項課題的重大意義，遑論比我們都聰明的法拉第了。

從那以後，轉磁爲電就成了他一心要加以實現的理想。

一八三一年十月十七日，法拉第進行了一次具有劃時代意義的試驗。他準備了一根磁棒，又準備了一卷銅絲線圈繞在空的長筒內，把銅絲的一端連接在一個電流計上。他把磁棒的一端靠近線圈，電流計的指標沒有反應。他把磁棒猛插進線圈，指標擺動了幾下，他的心一震。他又把磁棒抽出來，指標朝反方向擺動了幾下，他的心再一震。他拿起磁棒，一插，一拔，又把磁棒掉過頭來，一插，一拔，電流計的指標來回擺動起來，他的心也隨之怦怦跳動。電流計之所以有這樣的反應，是因爲金屬切割了磁力線，結果產生了感應電流。法拉第看到這事實，感到無比的興奮和激動。

但是法拉第並不滿足，他又繼續努力，運用電磁感應原理發明了世界上第一台感應發電機，製造出永久性的穩定電源。這一年的除夕，法拉第向他的親朋好友表演了這個新發明。

這一台感應發電機的裝置非常別致：只見一個中心有軸的圓形銅盤垂直固定在支架上，並且穿入到一塊水平固定的馬蹄形磁鐵兩極之間。銅盤的中軸連

結一根導線，銅盤邊緣和另一根導線保持接觸，兩根導線和一只電流計相連。客人們圍在四周，懷著極大的興趣觀看著，想親自證實一下，這台怪模怪樣的裝置是不是真的能夠源源不斷產生出電流。

法拉第大聲宣佈「表演開始」，隨即輕快地轉動搖柄，銅盤在兩個磁極之間不停旋轉起來。只見電流計的指標逐漸偏離零位，銅盤的轉速愈快，電流的讀數愈大。

賓客們看到這現象個個讚不絕口，只有一位故作聰明的貴婦人不動聲色，她揶揄法拉第說：「先生，你發明的這玩意兒有什麼用呢？」

法拉第將手放在胸前，身子微微欠了一下，回答說：「夫人，新生的嬰兒又有什麼用呢？」人群中頓時爆出一陣喝采聲。

法拉第的回答是多麼巧妙而又正確！「嬰兒」看來無用，卻會長成「巨人」。法拉第設計的這台裝置，就是今日各式各樣、大大小小發電機的雛型。有了發電機，電就不再是神秘的東西，它走出科學家的實驗室，走向工廠、礦山、農村，走進每一個家庭，照亮整個世界。

一八三一年，這一年值得我們永久紀念！

第18節・電視節目裏的創業好點子

一個很偶然的機會裏，有位日本先生在電視上看到一名年輕女子。他不禁回想起當年初戀情人的模樣，而被那種氣氛和感情所牽動。於是他想到多少有情人在熱戀期間，因爲各種不得已被迫分手。

人世蒼茫，歲月匆匆，人老了以後是多麼想重溫初戀時的感情呀！

想到這裏，他突然有了靈感：如果用尋找初戀情人這個主題開一家公司，也許大有可爲呢！在這個靈感的誘導下，他毅然成立了「II服務公司」，提出極具誘惑力的口號——「爲您尋回初戀的情人」。

如果能回到當年那純眞的感情，找到心中時常牽掛的初戀情人，找到那因無奈而分手、音訊全無的她，重溫難以忘懷的歲月，該多麼令人興奮。懷有如此想法的人畢竟太多了，這項計畫因而受到了熱烈迴響，盛況空前。其實，這

家公司不但幫人尋找初戀情人，還能達成客戶的其他要求——恩人、學生時代的朋友、戰友、孩提時的夥伴、行蹤不明的家人等等，都可以是委託尋找的對象。

接受這類業務是有條件的。爲了在找到初戀情人後，不會給雙方家庭帶來麻煩，造成家庭糾紛，公司堅持接受委託的原則是：客戶不許說謊，不許對現在的配偶隱瞞眞相，即便讓配偶知道詳情，也不會因此產生不快。

「II服務公司」辦起事來非常牢靠，並且遵守「收費便宜，服務周到，輕鬆有趣，皆大歡喜」的方針，做得有聲有色，一舉就成功了。

「爲您尋回初戀情人」這個充滿浪漫色彩的口號，是「II服務公司」刊登在《讀賣新聞》和《每日新聞》上的廣告詞。公司成立當天，也是廣告刊出的當天，就有上百樁生意找上門來，以後平均每天上門的生意都有七八十件。雖然每受理一件僅收費五千日元，可是一個月下來，營業額高達六百多萬日元，去掉成本，還淨賺一半。

當初誰會想到，一個電視節目引發的靈感，成就了許多人內心的夢想，也促成了一門好生意！

第19節・洗澡水中的天地

你也許洗過千百次澡，也看了千百次浴缸放水時產生的漩渦，但是很少有人關心它的旋轉方向，意識到其中有些什麼意義。千百萬人千百萬次地洗過衣服，但是很少有人注意到洗衣水嘩嘩地流出排水口時，是否打著漩渦，也少有人注意到它轉的是什麼方向，更少有人去思考這是什麼原因。

二十世紀六〇年代的一天，美國麻省理工學院機械工程系主任謝皮羅教授洗完了澡，習慣性地拔掉浴盆底部的塞子放水。他無意中發現，水在流入下水道口時，形成一個漩渦，漩渦按逆時針方向轉得很快。這引起了他的注意。他觀察著，沈思著，癡癡看著一個漩渦接著一個漩渦，不斷地打著圈圈，一時竟忘記擦乾身上的水珠。

這稀鬆平常的現象引起了他的興趣。他想，這難道是這個浴缸的特殊現象

嗎？他穿上衣服，又扭開洗臉盆的水龍頭，水嘩嘩地流著，很快就蓄滿了水盆。他拔出塞子，事情眞是令人驚奇：水彷彿受到一股神秘力量的牽引，旋轉的方向與浴缸裏的漩渦一模一樣，總是按逆時針方向旋轉！謝皮羅一次一次地試著，他發現所有的水都是這樣，以同樣的旋轉方向轉著相似的漩渦。

爲什麼會出現這種現象呢？謝皮羅教授心想，共同的現象一定有著相似的原因。他決定要把這個問題弄個水落石出。他想到赤道上的水，會不會打漩渦呢？當地水池裏的水會怎樣流呢？流出的時候會不會打著同樣的漩渦呢？他又想到南半球的水池水會怎樣流？它們會沿著什麼方向打漩渦呢？

謝皮羅教授爲了這個看似平常的問題，不遠萬里來到赤道。經過仔細的觀察，他發現赤道上的流水沒有漩渦。接著，他又跑到南半球，結果發現漩渦的方向正好與北半球相反——北半球是逆時針方向，而南半球是順時針方向。

謝皮羅教授經由實地觀察，產生了靈感：流水的漩渦，可能與地球的自轉有關。他由此聯想到颱風、風暴和空氣等氣流的運動，南半球和北半球的風暴

一定也是以和水流同樣的規律旋轉的；同理，北半球和南半球風暴產生的漩渦方向應該也是彼此相反。

浴池裏的水怎麼旋轉，一般人並不關心，也不會去深入思考。然而，這些不顯眼的現象，卻沒有逃過善於觀察的謝皮羅教授法眼。他還把它推廣到新的領域，尋找新的知識。從水推廣到大氣，從水流推廣到氣流，從流水的方向推測風暴的方向，這樣，不僅知識擴展了，也爲驗證自己的假設提供了新的舞臺。

由此可見，靈感並不是任何人都能得到的，只有那些有心人，善於思索的人，才會得到眞正的靈感。

第二章

生活在快樂中「創新」

「創新」是快樂生活之源，「創新」會遇到許多挫折，
有的人一遇到困難就想退縮，也有的人勇敢面對，
進一步開創自己。
家喻戶曉的李時珍，就是在挫折中成功的。
他著作的《本草綱目》，
是中國第一部詳盡介紹了數千餘種植物藥性的專書。
為了寫好這本書，李時珍每天上山採藥，
踏遍全國各地詢問偏方。
更叫人敬佩的是，
為了深入瞭解藥性，他冒著生命危險試藥。
正因為勇於嘗新，李時珍留下了後人奉為圭臬的醫藥寶典。

第1節・靈感——來自別人的談話

很多人的成功來自於靈感，許多人之所以不成功，是因爲靈感來時他沒有抓住。靈感是轉瞬即逝的，能把握那一瞬間的人，離成功就近了一步；對它視而不見，成功就會從指縫溜走。

對電腦有涉獵的人，想必對「戴爾」這個名字並不陌生。戴爾公司是全球領先的IT產品及服務供應商，總部設在美國德州奧斯丁市，其業務包括幫助客戶建立自己的資訊技術及網際網路基礎架構。「戴爾公司」於一九八四年由邁克・戴爾創立，他是目前電腦業界任期最長的執行長。而戴爾創立公司的靈感，緣自於無意間聽到別人的談話。

邁克・戴爾到休士頓的德州州立大學就讀的時候，跟其他新生一樣，得自己去掙學費。當時校園裏都在談論個人電腦，人人都想弄一台，但經銷商將價

格訂得很高，人們需要的是價格低廉、根據個人需求特性靈活設計的電腦。戴爾敏銳地發現了這一點。

有一天，戴爾聽到別人在議論：「爲什麼不能將產品從製造商手中直接送到終端用戶呢？」聽了這句話，一個靈感忽地在他的大腦中蹦了出來：「自己創辦一家這樣的公司一定會賺大錢！」

由於電腦的價格昂貴，經銷商不能一下子售完，還要付出一筆可觀的訂金，戴爾於是以成本價買下經銷商的庫存電腦，並且增設了附件來提高其性能，然後再去推銷。很快的，這種性能更優越，價格卻便宜許多的電腦便供不應求，市場十分看好。

可是戴爾的父母擔心他推銷電腦會影響學業，父親懇切地說：「如果你想經商，可以等你拿到學位以後再說。」

戴爾同意了，但回到休士頓以後，他深知現在如果收手，千載難逢的機會就要擦肩而過了。一個月後，他又開始賣電腦。這一回幹得更起勁，但是他沒

有對父母說。

春假時，戴爾向父母承認他仍在做電腦生意，並且想放棄學業，開辦自己的公司。

不管父母怎麼說，戴爾堅持不改心意，他還是那句話：這主意不錯，為什麼不試試。於是他們達成協定——暑假時，他可以開辦自己的電腦公司，若是不成功，那麼九月份新學期開學就必須回到學校。

回到休士頓，戴爾用所有的存款開辦了「戴爾電腦公司」。他租了一間房子做為辦公室，並雇用了第一名員工——二十八歲的經理來負責財務和經營管理。這就是現在知名的「戴爾公司」的前身。那一天是一九八四年五月三日，邁克．戴爾剛滿十九歲。

戴爾的推銷工作進展順利。他將IBM的個人電腦都加上自製的附件供應市場。一接到訂單，他就拼命組裝機器，並以最快速度送到客戶手中。第一個月的銷售額達到十八萬美元，第二個月增至二十六．五萬美元。九月份開學的時

候，他沒有再回大學。

他保持著平均每月銷售一千台個人電腦的速度，隨著公司業務不斷發展，他把公司搬到更大的辦公室，雇用了更多的人員。當客戶的訂單達到八百份時，員工們便開始組裝電腦。爲了減少庫存和固定開支，零件僅在急需時才訂購。送貨卡車每天都送貨上門，低成本的銷售和庫存策略使戴爾的公司一直保持著較高的利潤。

戴爾堅信，品質是企業的生命。他爲客戶提供絕對的品質保證，用戶若不滿意，保證退款。他開設了一條二十四小時免費服務熱線，可以讓用戶直接跟技術人員聯繫，大約有九〇%的用戶技術問題可透過電話來解決。戴爾在銷售產品的同時，也銷售了公司的服務，更重要的是，樹立了公司良好的聲譽。

由於跟客戶頻繁的電話接觸，公司更貼近市場，能從用戶那裏直接知道他們喜歡或不喜歡哪種型號或式樣。別的競爭對手是先開發產品，然後說服客戶購買。而戴爾公司恰恰相反，他們是市場需要什麼，就開發什麼。

戴爾的同學們大學畢業時，他的公司年營業額已達到七億美元。戴爾停止了原來那種在個人電腦上添設附件的方式，而是開始自己設計、裝配，尋找自己的市場。

今天，戴爾公司在十六個國家設立了分支機構，公司收入達二十億美元，員工五千五百多人。戴爾的個人財產估計在二．五億至三億美元之間。

邁克．戴爾不止一次回憶說，他曾告訴朋友們，自己的夢想就是成為世界上最大的個人電腦製造商，而朋友當時認為戴爾是個十足的幻想家，他的夢想是不會實現的。可是戴爾的夢想不僅實現了，而且還會一直持續下去，他的公司還會有更大的發展和進步。在靈感來臨的瞬間，戴爾敏銳地抓住了它，而且一直堅持到勝利的那一刻。

第2節・高跟鞋——穿出女人的風采

走在大街上，映入眼簾的是滿街穿高跟鞋的女人。要想從衆多高跟鞋中找出一雙平底鞋，還眞不是一件容易的事。高跟鞋不僅讓女人走起路來更加婀娜多姿，還可以彌補身高不足的缺陷，所以從它誕生以來，就一直被廣大的女性所鍾愛。可是你知道嗎，發明高跟鞋的是一個男人，而且他的初衷是爲了限制妻子行動。

據說在十五世紀的時候，一名威尼斯商人經常要出門做生意，他總是擔心留在家中的妻子會出去玩樂。一個雨天，他走在街上，鞋後跟沾了許多泥，因而步履艱難。商人由此得到靈感：威尼斯是座水城，船是主要的交通工具，如果爲妻子穿上高跟鞋，她將無法在跳板上行走，就可以把她困在家裏了。

豈料，他的妻子穿上這雙鞋，感到十分新奇，就由傭人陪伴，上船下船，

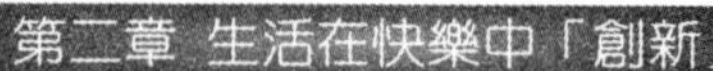

到處遊玩。高跟鞋使她更加婀娜多姿，講求時髦的仕女們爭相仿效。高跟鞋很快地盛行起來，而且數百年來長盛不衰，還被設計師們不斷推陳出新，豐富了人們的時尚生活。

第3節・電話——通訊生活大躍進

隨著通訊工具愈來愈先進，人們可以很迅速地接收到來自全球任一角落的資訊。資訊的交流在任何時代都是不可缺少的，古代的鴻雁傳書、烽火連天等等，就反映了人們對尋求遠距通訊的努力。自從人類發明了電，就有人想利用電來進行通訊，但並沒有結果。十八世紀三〇年代，由於鐵路迅速發展，人們更加迫切需要一種不受天氣影響、沒有時間限制，又比火車跑得快的通訊工具。

電話的發明，終於讓人們有了一種便利的通訊工具。

英國人貝爾（一八四七～一九二二）發明電話時，還不到三十歲。他還製造了助聽器，改進了留聲機，一生獲得三十項發明專利。

貝爾從小好動腦筋，十五歲就大膽改良老式水推磨，大大提高了生產效

率。十六歲時，貝爾以優異成績考入愛丁堡大學，為了解決聾啞人的痛苦，他選擇了自己喜歡的語言學。四年後，貝爾進入倫敦大學深造。二十二歲的他已擔任美國波士頓大學語言學教授，並且和父親開辦了一所聾啞學校。他一邊教聾啞人克服不能說話的困難，一邊研究助聽器。

一天，貝爾正在實驗室研究聾啞人用的一種「可視語言」時，一個有趣的現象引起他的注意。他發現在電流導通和截止時，螺旋線圈發出的聲音就好像發送電碼的「答答」聲。這一發現使他大膽假設：如果讓電流強度的變化仿出聲波的變化，那麼用電流傳送語音的夢想就能實現了。貝爾於是請教當時的電學專家亨利，並自學了電學知識，繼續研究。

經過許多次失敗，貝爾終於成功了。一八七六年六月二日晚上，在實驗室連續工作幾天幾夜的貝爾和他的助手沃森特，對實驗裝置做完最後一次檢查，然後分別關在相隔一定距離的兩間屋子裏。沃森特突然聽到有人講：「沃森特先生，快來呀，我需要你！」原來貝爾在操作時，不小心把硫酸濺到腳上，由於疼痛，他情不自禁的對著話筒大喊，而這竟成了人類用電話傳送的第一句

話。沃森特聽到後，驚喜萬分地回答：「貝爾！貝爾！我聽見了，聽見了！」

科技史上一個了不起的發明就這樣誕生了。貝爾發明電話的消息迅速傳播開來。他還爲維多利亞女王舉行了一次特別展示。女王把貝爾最早期的一支電話聽筒放在耳朵上，傾聽《天佑女王》的演唱。兩天之後，女王的秘書寫信給貝爾，說女王想購買那天用於展示的兩具電話，貝爾於是以一對用象牙製成、鑲著金邊的電話做爲禮物，送給了女王。

而今，電話早已普及到尋常百姓家，雖然互不相見，但隔著聽筒卻能傳遞彼此的關心與問候，感受著電話裏親朋的關懷。電話，讓人們的溝通沒有地界，當然，也沒有國界。

第4節・電視——讓生活多姿多彩

當你坐在家裏欣賞喜歡的電視節目時，曾否想到電視是怎麼發明的？

英國電器工程師約翰・洛吉・貝爾德，是研製電視的先驅。他出生在蘇格蘭海倫斯堡一個牧師的家裏，從小就表現出發明家的天分。貝爾德曾就讀於格拉斯哥大學及皇家技術學院。第一次世界大戰期間，貝爾德知道自己不適合從軍服役，於是成立一家大型電力公司。

一九二四年，貝爾德首次用收集到的舊收音器材、霓虹燈管、掃描盤、電熱棒和可以間斷發電的磁波燈和光電管等，做了一連串影像傳送實驗。然而這些試驗材料實在太破舊了，以致每次試驗都要損壞、更新一些零件。

經過上百次的試驗後，貝爾德將大量經驗做了總結。一九二五年十月二日清晨，當貝爾德再一次發動機器時，隨著馬達的加速，他終於從另一個房間的

映像接收機裏，清晰地收到了比爾——一個表演用的玩偶的臉。

貝爾德興奮異常，他多年的夢想——發明「電視」實現了。雖然還談不上完美，卻是一次成功的試驗。緊接著，貝爾德說服了富有的公司老闆戈登．塞弗里奇投資贊助，更加專心一意研究起電視。一九二六年一月，貝爾德發明的機器有了明顯的改善。他立刻給英國科普學會寫了一封信，請求該會實地參觀。當貝爾德從一個房間把比爾的臉和其他人的臉傳送到另一個房間時，應邀前來的專家們一致認爲，這是一項難以置信的偉大發明。

如今，貝爾德發明的電視已經發展到令人驚歎的地步。平面電視、液晶電視等，不但外形更加漂亮，畫面更加清晰，功能也更加多元。電視已成爲現代生活中的必需品。

人們坐在家裏，就可以知道世界上每個角落發生的大小事件，人與人之間的時空距離縮短了，這一切都要感謝貝爾德的發明。

第5節・自行車——最簡便的代步工具

當你騎著自行車穿過大街小巷的時候，不會有什麼神奇的感覺，因爲它已經成爲生活中很平常的東西，它遍及世界各地，家家戶戶用它來代步，但很少有人知道，兩百年前發明自行車的，是德國一位名叫德萊斯的林地看守員。

德萊斯看守林地，每天都要從一片林子走到另一片林子，多年走路的辛苦，激起了他想發明一種代步工具的念頭。他想，如果人能坐在輪子上，那不就走得更快了嘛！於是，德萊斯開始設計製造自行車。他用兩個木輪、一個鞍座、一個安在前輪上控制方向的車把，製成了一輛輪車。人坐在車上，用雙腳蹬地驅動木輪運動。就這樣，世界上第一輛自行車問世了。它的速度雖然遠不及今天的自行車快，但是它的問世卻揭開了一種新式交通工具的序幕。不過起初，自行車的出現並不受人歡迎。

一八一七年，德萊斯第一次騎自行車去旅遊，一路上受盡人們的訕笑，他決心用事實來回應這種訕笑。他和馬車比賽，他騎車四小時的距離，馬車卻用了十五個小時。儘管如此，仍然沒有一家廠商願意生產、出售這種自行車。

一八三九年，蘇格蘭人麥克．米倫發明了踏板，裝在自行車前輪上，使自行車技術提升了一大步。此後幾十年，湧現了各式各樣的自行車，如風帆自行車、水上腳踏車、冰上自行車、五輪自行車，自行車逐漸成爲大衆化的交通工具。之後，隨著充氣輪胎、鏈條等的出現，自行車的結構愈來愈完善，簡便又快捷的優點，爲人們的生活帶來莫大的便利。

第6節．鏡子——照出美麗自我形象

生活中如果沒有鏡子，不知道眾多男男女女出門之前，是不是得端來一盆水照一下自己的儀容？傳說在鏡子發明之前，古人就是用水來當鏡子。現在的鏡子樣式五花八門，方的、圓的、長的、短的、規則的、不規則的。人潮湧擠的街頭，大大小小的商店，都可以看到鏡子，看到鏡中投射出的自我形象。

我們的祖先是很聰明的，早在二千多年以前就做出了精美的「透光鏡」。十四世紀初，威尼斯人用錫箔和水銀塗在玻璃背面，製成的鏡子已經可以很清楚地反映出容貌。

現代的鏡子是以一八三五年德國化學家利比格發明的方法製造的。這方法是混合硝酸銀和還原劑，使硝酸銀析出銀，附著在玻璃上，就誕生了一面面精美的鏡子。

發明鏡子的初衷，是爲了修容。但是攬鏡自照，往往會看到旁人看不到的自我，這或許是鏡子最大的功用。

第7節・洗衣機——讓洗衣變輕鬆

洗衣機如今已是很普遍的家用電器，可是在洗衣機發明之前，對於一個家庭主婦來說，洗衣實在是一項繁瑣的事——分揀、浸泡、揉搓、漂洗，都得用手來完成。

一八〇〇年，法國人首先發明了洗衣機，這種洗衣機用手柄驅動，洗衣槽裝有沉重的旋翼，用來攪拌衣服。它雖然比手洗的效率高，但仍需耗費很多體力。

一九〇一年，美國人阿爾瓦費希爾設計製造了世界第一台電動洗衣機。後來，渦輪式、滾筒式洗衣機相繼問世，促進了家用洗衣機的發展和普及，但這些洗衣機都少不了洗衣粉。

能不能不用洗衣粉，照樣把衣服洗乾淨呢？科學家努力研發，英國人瓦爾

納布發現水中的氣泡對機械有腐蝕作用，於是巧妙地把這種「氣蝕」原理用於洗衣機。日本人首先在洗衣機裏輸入超音波，利用超音波使水產生氣泡，借助氣泡清除衣服表面的污垢。

後來，科學家又發明了另一種不用洗衣粉的洗衣機，即，利用眞空作用，使洗衣槽內的水產生大量氣泡，以清除衣服上的髒污微粒。

洗衣機的發明讓人們擺脫了一部分繁重的家務，衣服髒的時候，放到洗衣機裏，幾分鐘之後拿出來晾一下就乾了，再也不用費勁地去揉搓。

科學在發展，技術在進步，思維在創新，說不定有一天，洗衣機的功能會超乎人們想像的方便，甚至不必「洗」衣了。

第8節・汽車——歷時三百年完成的發明

走在大街上，看著一輛輛飛馳而過的汽車，你可曾想過，汽車從構想到製造完成，有著什麼樣的歷史嗎？

達文西是十五世紀義大利一位非常傑出的人物，他既是了不起的大畫家，又是個自然科學家和工程師。除了留給後世許多藝術作品，他還留下許多機械工程方面的設計圖，自動行駛車輛的設計圖就是其中之一。

十五世紀，雙輪馬車在義大利的石子路上來來往往，達文西卻幻想著有一輛自動行駛的車載著他到處漫遊。他站在自己的畫室窗前，望著不遠處的鐘樓，出神地想著。「鐺—鐺—鐺」鐘樓上的指標重疊在十二時，響起清脆的鐘聲。鐘聲喚醒了沈浸在想像中的達文西，「鐘爲什麼能自動敲擊呢？因爲裏面有發條，對，可以用發條試試這種自動行駛的車。」達文西轉身坐在桌子前，

把他的設想畫在紙上，第一張以發條爲動力的自動行駛車設計圖在大畫家手中誕生了。只是，他的理想留在紙上，還沒有變成現實。

一五一九年，達文西離開了人間，但是他的設計圖卻引起人們濃厚的興趣，按照達文西的設計圖製造一輛車，成了更多人的夢想。

一六四九年，德國有個叫赫丘的鐘錶匠，他看了達文西留下的設計圖，想把它變成一輛看得見、摸得著的車。會做鐘錶的赫丘根據設計圖，試驗製造了世界上第一輛自動行駛的車，它像鐘擺一樣，是用發條爲動力，上足發條，它就會向前行進。可是車子一小時只走一·五公里，還沒有走路快。

一八七六年，德國發明家奧托製造了世界上第一台內燃機，另一名法國人戴姆勒將它裝在自行車上，製成了世界第一輛摩托車。內燃機的出現使蒸汽汽車成爲可能。

世界上第一輛汽車的眞正製造者，是德國人卡爾·賓士，也是著名的賓士汽車公司創始人。

賓士從小與車有緣。他在學校時就對機械特別感興趣，尤其偏愛研究熱力發動機和蒸汽發動機。一八七九年十二月三十一日，賓士成功研製出一台單缸兩衝程發動機。由於當時人們還不懂得利用發動機做爲汽車和摩托車的動力，因此沒有人購買他生產的發動機。他依靠變賣妻子嫁妝度過了最困難的時期。

一八八二年，他終於取得了一名商人和一位銀行家的支援，聯合成立了曼海姆燃氣發動機公司。後來，他明白發動機要有實際的用途才有銷路，於是將燃氣發動機改爲汽油發動機，並安裝到三輪車上，終於在一八八五年製造出世界第一輛汽車！這輛汽車使用單缸發動機，水冷，立式，排氣量九八五CC，功率一．五馬力，最高時速爲每小時十八公里。

一八八六年一月二十九日，他獲得汽車製造專利權，專利人爲賓士公司，這一天被公認爲世界首輛汽車誕生日。

一九二六年六月二十九日，賓士與戈特利布．戴姆勒的繼承人鮑爾，把兩個人的公司合併成爲「戴姆勒．賓士汽車公司」，以形似汽車方向盤的「三叉星」

爲商標，陸續生產出賓士牌系列轎車、賽車和商用車。如今，賓士汽車公司已成爲世界著名的汽車企業，賓士其人也因此被後人稱爲「汽車之父」。

第9節・燈泡——全面改寫人類歷史的偉大發明

愛迪生是一位偉大的發明家，他一生發明無數，其中對人們生活影響最大、又最受人們歡迎的，就是電燈。電燈的出現讓夜晚不再是一片黑暗，可以在燈光下延續白天的長度，完成白天未完之事。

早在一八二一年，英國的科學家大衛和法拉第就發明了一種叫電弧燈的電燈。這種電燈用炭棒做燈絲，雖然能發出亮光，但是光線刺眼，耗電量大，壽命也不長，因此很不實用。

爲了發明更加實用的電燈，愛迪生開始了大量的實驗。

用傳統的炭條做燈絲，一通電，燈絲就斷了。

用釕、鉻等金屬做燈絲，通電後亮了片刻，燈絲又被燒斷。

用白金絲做燈絲，效果也不理想。

就這樣，愛迪生以無比的毅力和耐心，試驗了一千六百多種材料。一次次的試驗，一次次的失敗，愛迪生始終無法找到一種更理想的燈絲材料。

一次，愛迪生的老朋友麥肯錫來看望他。麥肯錫看到愛迪生玩命似地工作，憂心忡忡地說：「先生，你可別累壞了身體！」

愛迪生望著麥肯錫說話時一晃一晃的長鬍鬚，突然眼睛一亮，說：「鬍子，先生，我要用您的鬍子。」

看到愛迪生如此執著，麥肯錫就剪下自己的一綹鬍鬚交給愛迪生。愛迪生挑選了幾根粗鬚，進行炭化處理，然後裝在燈泡裏。令人遺憾的是，試驗結果也不理想。「那就用我的頭髮試試看，說不定能成。」麥肯錫說。

愛迪生被老朋友的好意深深感動，但他明白，頭髮與鬍鬚性質一樣，於是沒有採納老人的意見。麥肯錫小坐了一會兒，就要告辭。愛迪生起身，準備送這位慈祥的老人，他下意識地幫老人拉平身上穿的棉布外套。突然，他又喊道：「棉線，爲什麼不試試棉線呢？」

麥肯錫又毫不猶豫地解開外套，撕下一片棉線織成的布，遞給愛迪生。愛迪生把棉線放在U形密閉坩堝裏，再把坩堝放進火爐，用高溫炭化。愛迪生用鑷子夾住炭化棉線，準備將它裝到燈泡內。可是由於炭化棉線又細又脆，加上愛迪生過於緊張，拿鑷子的手微微顫抖，棉線就被夾斷了。最後，費了九牛二虎之力，愛迪生才把一根炭化棉線裝進了燈泡。

此時，夜幕已降。愛迪生的助手抽空燈泡裏的空氣，小心翼翼地封上口，再將燈泡安在燈座上。一切工作就緒，大家靜靜等待著結果。電源接通，燈泡發出金黃色的光輝，把整個實驗室照得通亮。愛迪生和他的助手們無比興奮，互相擁抱祝賀。十三個月的艱苦奮鬥，試用了六千多種材料，試驗了七千多次，終於有了突破性的進展。

這盞電燈足足亮了四十五小時，燈絲才被燒斷。這是人類第一盞有實用價值的電燈。這一天——一八七九年十月二十一日，被後人定為電燈發明日。

愛迪生仍繼續實驗，最終選用竹絲做燈絲，將燈泡的壽命不斷延長。

愛迪生把生產的第一批燈泡安裝在「佳內特號」考察船上，好讓考察人員有更多的工作時間。此後，電燈開始進入尋常百姓家。

人們一直使用這種用竹絲為燈絲的燈泡，幾十年後才又進行了改良，用鎢絲做燈絲，並在燈泡內充入惰性氣體氮或氬，有效延長了燈泡的壽命。我們現在使用的就是這種燈泡。

燈泡的發明，的確可說是人類歷史上最重大的發明之一，而這要歸功於愛迪生的智慧，還有他發現和創新的熱情。

第10節·蓄電池——一截菸灰帶來的靈感

菸灰與蓄電池是風馬牛不相及的東西，兩者能有什麼關聯呢？

蓄電池的發明人是美國發明家伯特·亞當斯。二十世紀三〇年代末，亞當斯決心發明一種具有蓄電功能的電池。在原有電池的基礎上，他做了一個大膽的假想：只用水當介質，來消除電池的缺弊。他用鎂做陽極，用氯化銅做陰極，使用水當介質，就可以產生電流，但這股電流太微弱了，不能使電流錶上小小的指標做出較大的擺動，亞當斯的假想沒有成真。

亞當斯不願就這麼放棄，仍然執著地繼續實驗。有一天，他坐在家裏的舊椅子上，嘴裏叼著菸卷，菸灰不斷灑落在地上。他焦躁地注視著火爐上的坩鍋，熔化的金屬冒著火焰，照亮了陰暗的房間。坩鍋中的混合物發出一股嗆鼻的怪味，又一鍋氯化銅要煉好了。可是一不小心，亞當斯手中長長的一截菸卷

灰落到坩鍋裏。亞當斯心想，這下可糟了，但也沒辦法補救。他無可奈何地抱著姑且一試的心態做好了電極，把它裝到撿來的空鐵皮罐中。當他把土製電池加上水，接通電流錶之後，電流錶的指標猛然跳了起來，盼望已久的大電流終於出現了。亞當斯靈感頓生：大電流的出現一定是菸灰含的碳起了作用。

有了這個發現後，亞當斯開始在合金中加入各種含碳物質進行試驗，包括木炭、硬煤，甚至食用糖。每天夜裏七八個燈泡周期性地在黑暗裏閃爍，燈泡每閃爍一次，亞當斯就慌忙起身，他的妻子也不斷地被吵醒。皇天不負有心人，水介質電池終於成功了，僅僅加水就能長期使用，輸出電流也很穩定。

如今，蓄電池給我們的生活帶來了許多便利，這不但要歸功於亞當斯執著的科學精神，還要感謝那一截菸灰給他帶來的靈感。

第11節・望遠鏡——玩出來的發明

玩是孩子的天性，古今中外，有很多發明創造就是「玩」出來的。

十六世紀末，荷蘭的一位眼鏡商有個聰明好動的孩子。這個孩子很頑皮，經常到磨鏡片房玩耍。一天，他和磨鏡片的工人一起玩鏡片遊戲，他把近視鏡片和老花鏡片放在一起，想看看鏡片的變化。他一會兒拉開一點距離，一會兒又放近一點。當他一前一後舉起鏡片向前望時，不由得大叫起來。原來，透過兩層鏡片，遠處的景物被拉在近前了。眼鏡商從兒子的遊戲中發現了鏡片的奧妙，就這樣發明了望遠鏡。

第12節・船的發明——安全渡水的人類智慧

翻開世界地圖，可以看到海洋的面積遠遠超過陸地面積，陸地上還密布著河流、湖泊。人類祖先在生活中遇到的第一大難題，可能就是怎樣克服江河湖海的阻礙。從歷史記載中可知，人類橫渡江河湖海的舟船起源於石器時代，距今大約有七至八千年的歷史。舟船的發明一般認爲是從浮筏發展而來。人類首先發現可以乘坐漂浮在水面的樹木或竹子到達彼岸，還發現將多枝樹幹或竹子連結在一起，可以使更多人或物橫渡江河，因此有了竹筏、木筏等。隨著生產水準的提高，人類又將樹木加工成獨木舟，舟船就是在人類不斷的進步中發明出來的。

哥倫布的航行和發現，激起了歐洲殖民者和探險者對新大陸的欲望，海上活動日趨頻繁，刺激了世界造船和航海事業的發展。

在此後的一段時間裏，造船業迅速發展，出現了大型的商船、戰艦。但是由於科學技術的侷限，當時造船的材料仍是以木頭爲主，船的動力總是跳不出牽拉、撐篙、搖櫓、划槳、揚帆，因此船舶的航行受到很大的限制。尤其是遠洋航行，靠的仍是風力鼓帆，逆風時，只能走「之」字形航線曲折前進，不知要多費多少時間，船期也得不到保證。有時船行至不能做「之」字形航行的航道、內河，再大的船也要靠人力驅動。

人們始終在尋找船舶的新動力，直到十八世紀蒸汽機的發明，才爲船舶發展打開了廣闊的前景。而蒸汽船的發明則歸功於美國人富爾頓。

富爾頓是美國造船工程學家，他出生在美國賓州卡斯特的一個農場工人家庭，由於家境不濟，自小就到機器工廠做工。一七八二年，年僅十七歲的富爾頓到費城獨自謀生。他學繪畫，並在一家機器廠任製圖工人，學會了製造機器、繪製機械圖。一七八七年他到倫敦，以繪畫藝術結識了瓦特等人，開始研究蒸汽機。在此期間，他自學了法文、德文、高等數學、化學、物理及透視學

等基礎知識。這些知識爲他日後獻身造船業奠定了基礎。

富爾頓在一七九七年提出了製造蒸汽動力輪船的構想，一八〇〇年造出第一艘輪船，一八〇六年改良了蒸汽機，造出一艘新的輪船「克萊孟特號」。這艘蒸汽船於一八〇七年在紐約哈德遜河下水，首次試航成功，航速每小時六・四公里；經不斷的改進，航速達每小時約十三公里。一八〇八年之後又造了兩艘輪船，逆水航速達每小時十公里，並可連續航行二百四十公里左右。富爾頓一生造了輪船十七艘，是公認的蒸汽船發明人，在世界航運史上寫下了嶄新的一頁。

舟船是從筏、獨木舟、木板船逐步演變而來。它不是某個聖賢一夜之間的發明，而是後人不斷吸取前人經驗的產物，是一代接一代人類智慧的結晶。

第13節・刮鬍刀——紳士形象的利器

刮鬍刀的發明對於男人來說非常重要，如果沒有刮鬍刀，男人會不知如何處理滿口亂髭。

一八二八年，謝菲爾德製成一面有保護的刀片，這是安全刀片的前身。

一八九五年，美國推銷員吉列巧遇發明家佩因特。佩因特希望賺大錢，所以想發明一種人人需要而且用後即拋的東西。一天，吉列刮鬍子，發現剃刀的刀片正適合這種構想。他設計出一種安全剃刀的持柄，但找不到能製成薄刀片的廠家。一九〇一年，他遇見機械師卡森，才解決了技術問題，使鋤形刀架與雙刃可換式刀片合成一體，並申請了專利。吉利刮鬍刀以它的發明人吉利命名，如今已廣銷全世界，小小的刀片做出了巨大的市場。

至於電動刮鬍刀，則早在一九〇〇年於美國獲得專利，但是第一種適於商業製造的電動刮鬍刀是由美國退役陸軍上校希克所設計，並且於一九二八年獲得專利。

第14節・紙——讓歷史完整傳承

今天，當我們在紙上流暢書寫時，可能想不到紙的發明歷經了什麼樣的過程。紙是中國的四大發明之一。一九五七年，大陸考古工作者在西安市郊的一座西漢古墓中，起出了一批文物，其中最引人注目的是一疊紙。這疊紙有八十八片，尺寸大小不一，最大的爲十乘十公分，最小的爲三乘四公分左右。由於這批紙是在灞橋發現的，所以稱灞橋紙。這是現在所能見到的世界最早的紙。

歷史上出現紙之前，人們把文字刻在甲骨上。甲即龜甲，骨即牛胛骨及獸骨。刻在上面的文字就叫「甲骨文」。

但是甲骨得來費事，刻字也不大方便，所以使用甲骨的時間不是很長。

後來，人們又把字刻在竹子上，也就是「竹簡」、「木簡」。這在戰國時代使用得很普遍。

可是，在簡上寫字也很不方便，因爲每個簡容納的字數很有限。戰國時代惠子出門，喜歡帶著書隨行，這些用簡編成的書，足足裝了五車。由於這個原因，自春秋戰國開始又用帛來寫字，叫「帛書」。考古工作者在長沙馬王堆漢墓，發現了帛書，有十二萬多字。帛最大的優點是輕便，但帛價格昂貴，一般人是用不起的，所以無法在民間普及。

後來，人們經過不斷的實驗和探索，發明了植物纖維紙。但是植物纖維紙比較粗糙，不好寫字。到了東漢，蔡倫改進造紙術，才有了我們今天所用的紙。

蔡倫是桂陽（今湖南耒陽）人。他於西元七五年進京城洛陽皇宮當太監，後兼任「尙方令」。「尙方令」的職務就是監造和管理宮廷用品，也包括紙在內。這使他有機會接觸造紙工匠，因此熟悉了造紙的技術。他看到造紙技術不夠理想，便設法加以改良，把樹皮、麻頭、破布、破魚網等都用來造紙。這些東西不只容易取得，而且比植物纖維紙的製作更簡單。

蔡倫發明的造紙加工方法，是先把樹皮、麻頭等攪拌石灰，長時間浸泡，再放石臼中搗，把纖維搗散，然後加水煮爛，摻和膠類有粘性的物質，使纖維互相溶合成漿糊狀，再把漿用細簾均勻地撈出，讓它乾燥，這樣便製成了紙。這種紙不僅光滑，書寫也方便。

從此，蔡倫的造紙術不斷流傳，又經過後人不斷改良加工，造出來的紙愈來愈好，樣式也愈來愈多。由於這種造紙成本很低，普通百姓也用得起，紙開始被廣泛地應用於民間。

隨著紙的廣泛應用，造紙原料的範圍也擴大了。東晉用稻稈、麥稈造紙，叫「土紙」；又用藤皮造紙，叫「藤紙」或「藤角紙」；北方生長楮樹，用楮樹皮造紙，叫「楮皮紙」；南方產竹，從宋代開始用竹造紙，叫「竹紙」等等。造紙原料的範圍擴大，造紙工業隨之迅速發展。魏晉時，已經有人用黃蘗汁將紙染成黃色；南北朝時更有青、赤、綠等各種顏色的紙，十分美觀。四世紀起，四川、福建、浙江、安徽、湖南等地，先後成爲著名的紙產地。

造紙術後來被傳到國外，在世界上逐漸普及，人類文化和歷史從此得以完整傳承。

第15節・條碼——改變了普世貿易形態

不起眼的條碼最初頗受懷疑，後來卻成為一種文化標誌。

去超市買東西，會發現每件商品上都有條碼，到櫃檯結帳，收銀員只需掃描一下條碼，產品的價格、貨號等資料就會顯示在電腦螢幕上，滑鼠一點，總額立刻算出來。而這，就是那個小條碼的功勞。

一九七四年六月二十六日，俄亥俄州特洛伊市馬什超級市場的一位收銀員，將十包黃箭口香糖放在條碼掃描器掃了一下，收銀台自動顯示出價格，一個新時代便由此誕生了。

三十年後，全球每天要掃描五十億次條碼，而且少有交易不用它。曾經有人估計，條碼每年可為超市和大型商場、零售商和製造商節省三百億美元的費用。這些還不能說明條碼對其他行業產生的影響。把條碼稱為《財富》五百大

公司業務不可或缺的一部分，可謂小看它了。條碼看上去平淡無奇，但它已成了一種圖像符號，甚至還影響到政治。有多少物流工具能夠像條碼那樣出現在雜誌的封面，或者被紋刺在人們的身體上？有多少東西能夠像條碼那樣成爲總統競選失利的因素之一（老布希在一次條碼技術展示時大驚小怪，使得人們認爲他太無知）？條碼在商業上的應用是如此廣泛，以至於改變了零售商和製造商之間的力量平衡，改變了行銷業的形態，甚至在威名百貨的驚人崛起中發揮了關鍵作用。

條碼是如何發明的？一九四九年，邁阿密南海灘有一位頗有抱負的工程師，名叫喬・伍德蘭，當時二十七歲的他有感於商店的手工計算價格太慢，而且費用較高，又經常出錯，於是決心發明一種自動的超市結帳系統。

他拿了一把沙灘椅到沙灘上，坐了下來，思索究竟有什麼辦法？他覺得自己需要的第一樣東西是一種代碼。他小時候在童子軍學過的唯一代碼，就是摩斯電碼。他左思右想，也不知爲什麼把四根手指插入沙子裏，又把手指拔出

來。他看到沙地被自己弄出了四條溝，突然靈機一動：何不用寬窄不同的線條形式來編碼？條碼就這樣被發明了出來。

如果不是這位工程師匠心獨具，條碼不會問世，普世的貿易形態也不會因之有了改變。

第16節．眼鏡——讓世界更清晰

現代人視力愈來愈差，有的孩子很小就戴上一副厚厚的眼鏡。如果沒有眼鏡，這些人生活在朦朧中，看書、寫字、走路都會遇上許多麻煩。所幸，有人發明了眼鏡。

發明眼鏡的人，不是偉大的科學家，而是一名學者，他就是英國著名的哲學家培根。

培根看到許多人因視力不好，看不清楚書上的文字，就想發明一種工具來幫助人們改善視力。為此，他想了很多辦法，做了不少試驗，但都沒有成功。

一天雨後，培根來到花園散步，看到蜘蛛網上沾了不少雨珠，他發現透過雨珠看樹葉，葉脈放大不少，連樹葉上細細的茸毛都看得見。

培根立即跑回家中翻箱倒櫃，找到一顆玻璃球。但是透過玻璃球看書上的

文字，還是模糊不清。他又找來一塊金剛石與錘子，將玻璃切出一塊，拿著這塊玻璃片靠近書一看，文字果然放大了。試驗成功了，培根欣喜若狂。後來，他又找來一塊木片，挖出一個圓洞，將玻璃球片裝上去，再安上一根柄，方便手拿，這樣人們閱讀寫字就方便多了。

這種鏡片後來經過不斷改良，成了現在人們戴的眼鏡。光是矯正視力的，就有青少年用的近視眼鏡與老年人戴的老花眼鏡，其他各種用途的眼鏡不一而足，人們學習、工作就更方便了。

如果沒有培根在生活中的細心發現，視力不好的人可能還在一片朦朧中摸索。

第17節·鉛筆——牧羊人的發現，德國人的發明

從小學習寫字，最先用的就是鉛筆。花花綠綠的筆身，方的圓的筆桿，在文具盒裏滾來滾去，陪伴著我們度過童年的許多快樂時光。即使人長大了，在很多地方還是用到得鉛筆。鉛筆的誕生，也是發明者從生活中的小事得到的靈感。

一五六四年，一陣狂風吹倒了英國坎伯蘭郡波羅谷附近的一棵大樹，樹根盤結處露出了一大堆墨色的礦物質——石墨。當地牧羊人發現了石墨的一項用途——在羊身上畫記號。不久，有眼光的城裏人把石墨礦石切成細條，在倫敦市場上出售，店主和商人都用它在貨物作記號，這種「原始鉛筆」畫出的印痕粗黑清晰。

不過石墨易碎，不容易保存和使用。一七六一年，德國化學家法貝爾採集

了一些石墨礦石，將其研成粉末，用水濾去雜質，獲得純淨的石墨粉。經過種種試驗後，法貝爾終於發現，在石墨中摻入硫磺、銻和樹脂，加熱凝固後壓製成的一根根「鉛筆」，硬度合適，書寫流暢，也不容易弄髒手，在這種鉛筆外面裹上紙卷，就可以拿到商店出售了。

一七八九年，法國大革命爆發，英國和德國對法國進行封鎖，沒有了鉛筆來源，對法國影響不小。法國化學家兼發明家龔特奉命，在法國盡可能採集石墨製作鉛筆。但法國的石墨品質差，產量也不多，龔特費盡心思，終於有了主意。他在石墨中摻入一些黏土做試驗，一試效果出奇的好，這種混合物變成了世界上最好的畫筆。在石墨中加入不同性能的黏土，便可得到「硬鉛」與「軟鉛」。

不過，龔特的鉛筆和法貝爾的鉛筆，都只有一根細條，很容易折斷。一八一二年，美國麻州的一位木匠兼修補匠威廉．門羅決心爲鉛筆錦上添花，讓鉛筆穿上木頭「外衣」。門羅在工廠內裝置機械，製造長五至十八公分的標準化木

條，細木條中間用機器挖出一條剛好適合鉛筆芯的凹槽，然後將兩片同樣開有凹槽的細木條中間嵌入一根石墨條，合起來用膠水黏著。於是，第一支現代鉛筆產生了。這支長十八公分的標準鉛筆，可以畫出五十五公里長的線條，至少寫四萬五千字，而且削了十七次還能剩下五公分長的筆頭。

門羅鉛筆誕生一百年後，有人認爲它浪費木材，日本人早川德次在一九一五年發明了一種能夠把鉛筆芯反覆推出的鉛筆，它就是自動鉛筆的原型。

如今市面上多達三百多種的鉛筆，有粗有細，有寫字的，有作畫的，琳琅滿目，各有其市場。這恐怕是當初發現石墨用途的那位牧羊人始料未及的。

第18節・鋸子——魯班伐木的靈感

魯班發明鋸子，「班門弄斧」的典故就與這位偉大的發明家有關。魯班是中國古代一位優秀的手工業工匠和傑出發明家。相傳他在機械、木工工具、土木建築等方面有多項創造發明，留下了許多動人的軼事。兩千多年以來，他一直被土木工匠們奉爲「祖師爺」，受到後人的崇敬。

魯班，姓公輸，名般；又稱公輸子、公輸盤、班輸、魯般等。他生活在春秋末年到戰國初期，這是中國從奴隸社會轉向封建社會的大變革時代。生產力的發展，爲奴隸制的瓦解和封建社會的建立奠定了物質基礎，鐵器的推廣和使用，爲農業和手工業提供了前所未有的高效率工具，大幅提高了勞動生產率。

魯班出生在魯國一個世代以工匠爲生的家庭。家庭的影響和熏陶，使他從小就喜歡上機械製造、手工藝、土木建築等古代工匠所從事的活動。他跟隨家

人參與許多土木建築工程，在工作中虛心向有經驗的老師傅和家人請教，學習他們的先進技術和經驗，悉心觀察他們在各項工作中高超的操作技巧。長期的實務經驗和本人不斷的努力，使魯班逐漸掌握了古代工匠所需的多方面技能，積累了非常豐富的實務經驗，成爲當時有名的能工巧匠。

魯班發明鋸的故事，千百年來一直在民間流傳。相傳有一年，魯班接受了建造一座巨大宮殿的任務。這座宮殿需要許多木料，魯班就讓徒弟們上山砍伐樹木。由於當時還沒有鋸子，他的徒弟只好用斧頭砍伐，但這樣做效率非常低，工匠們每天早出晚歸拼命工作，累得筋疲力盡，也砍伐不了多少樹木，遠不能滿足工程的需要，工程進度不得不一拖再拖。

眼看工程期限愈來愈近，魯班很著急。爲此，他決定親自上山察看伐樹的情況。上山的時候，他無意中抓了一把山上的野草，卻一下子把手劃破了。魯班覺得奇怪，一根小草爲什麼這樣鋒利？於是他摘下一片葉子細心觀察，發現葉子兩邊長著許多小細齒，用手輕輕一摸，這些小細齒非常鋒利。他明白了，

他的手就是被這些小細齒劃破的。後來，魯班又看到一隻大蝗蟲在一株草上啃吃葉子，兩顆大板牙非常鋒利，一開一合，很快就吃下一大片。這同樣引起魯班的好奇心，他抓住一隻蝗蟲，仔細觀察蝗蟲牙齒的結構，發現蝗蟲的兩顆大板牙上同樣排列著許多小細齒，蝗蟲正是靠這些小細齒來咬斷草葉的。

這兩件事給魯班留下了極其深刻的印象，他受到很大的啓發，陷入了深思。他想，如果把砍伐木頭的工具做成鋸齒狀，不是同樣會很鋒利嗎？這樣砍伐樹木也就容易多了。他於是用大毛竹做成一條帶有許多小鋸齒的竹片，然後到小樹上去做試驗，成效果然不錯，幾下子就把樹皮拉破，再用力拉幾下，小樹幹就劃出一道深溝。魯班非常高興。但是由於竹片比較軟，強度比較弱，拉了一會兒，有的小鋸齒斷了，有的變鈍了，需要更換竹片。這樣還是會影響砍伐樹木的速度，何況使用竹片太多也很浪費。看來竹片不宜做爲鋸齒的材料，應該尋找一種強度、硬度都比較高的材料來代替它，這時魯班想到了鐵片。他請鐵匠們幫忙製作帶有小鋸齒的鐵片，然後到山上繼續工作。魯班和徒弟各拉

一端，在一棵樹上拉了起來，只見他倆一來一往，不一會兒就把樹鋸斷了。這方法又快又省力，鋸子就這樣發明了。

野草在地上生長了很多年，在魯班之前，不少人也曾被野草劃破手，可是只有魯班從中受到啓發。這是因爲大多數人認爲草葉割手只是一件生活小事，不值得大驚小怪。而魯班卻有強烈的好奇心，非常留心觀察生活當中的微小事件，用心思考和鑽研，從中找到解決問題的方法，甚至做出創造性發明。這告訴我們一個道理，就是留意不起眼的小事，勤於思考，善於發現，就會有意想不到的收穫。

第19節・火車——載動了經濟發展的龐然大物

今天，看著一列列火車風馳電掣般地從面前閃過，隆隆駛向遠方，迅速消失在視野之外時，我們忍不住會讚歎，發明火車的人眞偉大，爲後人留下這樣快捷又方便舒適的交通工具。

歐洲工業革命以機器大工業代替了工廠手工業。機器大工業需要大量的燃料、原料，也要把生產的產品送往各地。而在十九世紀以前，水上運輸依靠船舶，陸地上只能依賴馬車，這跟大工業的需求是矛盾不符的。機器大工業殷切呼喚著現代運輸工具的誕生。

十六世紀下半葉，在英國、德國的礦山和採石場鋪有木材做成的路軌。在軌道上行走的車靠人力或畜力推動。一七六七年，英國金屬大跌價，有家鐵工廠老闆看到堆積如山的生鐵，既賣不出去，又佔用很多空間，就令人澆鑄成長

鐵條，鋪在工廠的道路上，準備等鐵價上漲的時候再賣出去。不料人們發現車輛走在鋪著鐵條的馬路上，既省力又平穩。就這樣，鐵軌先於火車誕生了。

在鐵條上行車畢竟不是很方便，於是，鐵條得到了改良，做成凹槽形的鐵軌。這種軌道可以防止車輪滑出，但容易在凹槽中堆積石子、煤屑，鐵軌很容易損壞。於是人們把鐵軌做成了上下一樣寬，中間略窄的形狀，這樣垃圾就不易堆積，鐵軌也不容易損壞。可是這種軌道不是很平穩，鐵軌受到衝擊容易翻倒而導致車輛出軌翻車。人們因而把鐵軌的下面加寬，造成像漢字的「工」字形。今天我們看到的，就是這種穩定可靠的軌道。

雖然鐵路已經誕生，可是行走在鐵路上的車大部分是馬拉的。一七八三年，瓦特的學生默多克造出了一台用蒸汽機爲動力的車，但效果不好，沒人用。一八〇七年，英國人特里維希克和衛維恩成功製造出用蒸汽機推動的車子。可是這車子太笨重了，難以在一般馬路上行走，而他們也沒想到把這輛車放到鐵軌上去，所以不久也就棄之不用了。直到一八一四年，英國工程師史蒂

文生造出了在鐵軌上行走的蒸汽車，正式發明了火車。

史蒂文生出生於一七八一年，十四歲那年，他來到煤礦場，當一名見習司爐工。他很喜歡這個工作，別人下班了，他卻認眞地擦洗機器，清潔零件。多次的拆拆裝裝，使他掌握了機器的結構。他渴望熟悉更多的知識，辛勤工作一天後，就去夜校上課。他從沒上過學，開始學習時困難重重，但他聰明好學，勤奮鑽研，很快掌握了機械、製圖等方面的知識。一次，他用書本上學到的知識，結合工作實務，設計了一台機器。煤礦場的總工程師看到他設計的機器草圖，大加讚賞，這給了史蒂文生很大的鼓勵。他更加勤奮了，不久便成了一名熟練的機械修理工。

史蒂文生歸納了特里維希克和衛維恩的失敗教訓，開始研製蒸汽車，他改進了產生蒸汽的鍋爐，把立式鍋爐改成臥式鍋爐，並做出了一個極有遠見的重大決定——把蒸汽車放在軌道上行駛。他在車輪上加了輪緣，以防止火車出軌；又在承重的兩條鐵軌間加裝了一條有齒的軌道。蒸汽車在軌道上行駛，雖

可避免在一般道路上因車體太重而難以行走的缺點，可是在軌道上也會產生車輪打滑的問題，他於是在車上裝棘輪，讓它在有齒的第三軌上滾動，帶動車向前行駛。

一八一四年，史蒂文生的蒸汽火車頭問世了。他發明的這個大傢伙有五噸重，車頭上有一個巨大的飛輪，這個飛輪可以利用物理的慣性幫助火車運動。史蒂文生為他的發明取名「布魯克」。這個布魯克可以帶動總重約三十噸的八個車廂。在以後的十年中，他又造了十一個與布魯克相似的火車頭。

一八二五年九月二十七日，在英國的斯托克頓附近擠滿了四萬餘名觀眾，銅管樂隊整齊地站在鐵軌邊，人們翹首以待，望著那平臥蜿蜒的鐵路。鐵路兩旁全是前來觀看的人群。忽然，人們聽到一聲震耳的汽笛聲，一台蒸車噴雲吐霧地疾駛而來，後面拖著十二節煤車，另外還有二十節車廂，裏面乘坐著約四百五十名旅客。

史蒂文生親自駕駛世界上第一列火車。火車駛近了，大地在微微顫動。觀

眾驚呆了，不相信眼前這鐵傢伙竟有這麼大的力氣。火車緩緩停穩，人群中爆出一陣雷鳴般的歡呼聲。銅管樂隊奏出激昂的樂曲，七門禮砲同時發放，人們在慶祝世界上誕生了火車。這列火車以每小時二十四公里的速度，從達靈頓駛到斯托克頓，鐵路運輸於焉開始。

到這時，火車的優越性已充分展露出來。它速度快、平穩、舒適、安全可靠。隨即，英國和美國掀起了一股修築鐵路、建造火車的熱潮。

隨著各項功能的逐步改進，火車愈來愈顯示出在運輸上的重要作用，就這樣，火車在世界各地很快發展起來。直到今天，火車仍然是世界上重要的運輸工具，對經濟發展發揮了巨大的作用。

第20節・郵票——讓寄信必須付費

因爲有了郵票，寄信變得輕鬆方便；因爲有了郵票，人們多了一樣收藏品，和一種紀念事物的方式。郵票，與我們的生活息息相關，而郵票的發明，也是由於生活中的一件小事帶來的啓發。

郵票的創始人名叫羅蘭・希爾，是英國教育家，一七九五年十二月三日出生於吉德明斯特。一八三八年的一天，他在倫敦鄉間散步時，見到一位信差把信送給一位姑娘。姑娘瞧了一下信封，便把信還給信差，抱歉地說：「對不起，我沒有錢，付不起郵資，請把信退回去吧！」信差不答應，兩人爭執起來。羅蘭・希爾上前勸說，代付了郵資，把信交給了那位姑娘。信差走後，姑娘對羅蘭・希爾說：「這封信是我哥哥寄來的。我們預先約好，他平安無事，就在信封上畫個圓圈，我看到這個記號，知道他平安無事，就不必收信，也就

不用付郵資了。」羅蘭．希爾聽了姑娘的話，深有感觸，立志研究改進郵寄收費的辦法。

其實早在一八三五年，羅蘭．希爾就已經開始研究郵政問題。他發現，英國提高郵資，國家郵政收入反而減少；而法國降低郵資，卻使信件增多，郵政收入增加。經過進一步的研究發現，英國郵政收入減少的原因，是大多數信件到投遞時才收費。而許多收信人拒收信件，不付郵費，信件退回時，寄信人也不付費。郵局信差白跑了兩趟路，沒收到分文。當時英國的郵費是按路程遠近來計費，十一英里以內單頁信函收取郵費四便士，七百英里以上收取十七便士，其間共分十四級。羅蘭．希爾調查發現，一封信從甲地送到乙地，運費是很少的。例如，自倫敦到愛丁堡四百英里，一封信的郵費不過是三十六分之一便士。但是同一信函，運到較近的地方，若數量少，分擔的運費反而多。

所以羅蘭．希爾得出結論：「信函按路程遠近，收取不同的郵資，表面上看來似乎合理，實際毫無根據。如果郵費多少與信函收寄、運轉、投遞的成本

成正比例，倫敦收寄本地投遞的一封信收費二便士，則倫敦寄到愛丁堡的信，加收郵費三十六分之一便士，便足夠兩地之間的運輸費。試問這樣微小數目的錢如何收取？」

於是，他提出了一項改革辦法。即，在大不列顛和愛爾蘭範圍內，信件不論遠近，都收取固定的郵費，每半盎斯（英兩）收一便士。所有郵費都須預付。各郵局出售一種印有「郵資已付」的「印花」信封。爲了方便不願使用郵局印刷的信封而自用信封寄信的人，郵局另外出售一種表示「郵資已付」的「印花」紙片。紙片大小與「印花」差不多，背面上膠，稍加潤濕，即可貼在信封上。羅蘭・希爾給這種紙片起名爲「卷標」，也就是我們現在所說的郵票。

羅蘭・希爾的方案得到了英國政府的贊同。

當時郵票的設計者是亨利・科普爾特，他設計的郵票圖案爲當時的維多利亞女王肖像，是根據皇家造幣廠W・惠恩紀念一八三七年女王首次訪問倫敦城所做獎章的肖像而設計。圖案上端有「郵資」（POSTAGE）字樣，左右兩角是

交叉十字圖形。下端中間是面值「一便士」（ONE PENNY）或「二便士」（TWO PRNNY），左右兩角是大寫英文字母。

一八四〇年五月六日，英國發行了這套郵票，成爲世界上首次發行的郵票。

第21節・速食麵——二十世紀最偉大的食品發明

速食麵對一般人來說，一點都不陌生，在超市裡轉一圈，琳琅滿目的速食麵讓人眼花撩亂。速食麵著實給生活帶來了方便，不想做飯的時候，速食麵是最簡單而能止餓的方法。因爲速食麵有太多優點，所以被稱爲二十世紀最偉大的食品發明，每年在全世界的產值有一百多億美元。世界速食麵協會每兩年還召開一次全球高峰會，把小小的速食麵做出了大市場。

速食麵的發明者是日本的安藤百福，他於一九五八年發明的「雞肉拉麵」是世界上第一包速食麵，當時他已四十八歲，但開發速食麵的靈感則早在一九四五年就已萌生。

當時由於戰爭的消耗，日本食品嚴重不足。一天，安藤百福偶爾經過一家拉麵攤，看到穿著簡陋的人們頂著寒風排起了二三十公尺的長龍，等著買拉

麵。這使他對拉麵產生了極大的興趣，感覺到這是大有潛力的市場。

一九五八年春天，安藤百福在大阪府池田市住宅的後院內，建了一個十平方公尺的簡陋小屋。他找來一台舊製麵機，然後買了十八公斤麵粉、食用油等，開始埋頭開發速食麵。

安藤百福設想的速食麵是一種只要加入熱水就能立刻食用的麵。這種麵要味道好又吃不厭、簡便、不需烹飪、價格便宜、安全、衛生，可以成爲家庭廚房常備品，又具有很高的保存性。他設想的這些速食麵特性，成爲今天速食麵受人歡迎的重要原因。

由於沒有經驗，安藤百福一開始研究時完全處在摸索階段，早晨五點起床後便立刻鑽進小屋，一直研究到深夜一兩點，睡眠時間平均不到四小時。這樣的日子整整持續了一年，沒有休息過一天，但實驗並沒有什麼進展。因爲他完全是麵類這一行的門外漢，而麵條的原料調配非常微妙，有很大的學問。安藤百福沒有灰心，他把所有想到的東西全都試了一下，但放到製麵機上加工時，

有的麵鬆鬆垮垮的，有的粘成一團。做了扔，扔了又做。整個開發過程成了一再重覆的作業，看不見一絲希望。經過了無數次的失敗後，他總算悟出了一個道理：食品講究的是平衡，食品的開發就是追求和發現這唯一而絕妙的平衡過程。

一天，安藤百福看到太太做的油炸食品麵衣有無數的洞眼，就像海綿一樣。這個現象啓發了他，他知道這是因爲麵衣是用水調和的，其中的水分在油炸過程中會發散掉，形成「洞眼」，加入開水，很快就會變軟。這樣，將麵條浸在湯汁中使之著味，然後油炸加以乾燥，就能同時解決保存和烹調的問題。他發明了這種「瞬間熱油乾燥法」，解決了速食麵製作中最核心的問題，他的速食麵開始在日本迅速熱賣。不過，當時的包裝都是簡易的塑膠袋，而我們現在看到的很多碗麵，則源於安藤百福的一趟歐美視察。

速食麵雖然在日本賣得很好，但安藤百福並不滿足，他想把速食麵推向世界，於是在一九六六年來到歐美視察市場。

一天，他拿著雞肉拉麵去洛杉磯的超市，讓幾個採購人員試嘗拉麵，他們爲難地搖著頭，因爲現場沒有放麵條的碗。最後他們找到了幾個紙杯，把雞肉拉麵分成兩半放入紙杯中，注入開水，用叉子吃著，吃完後把杯子隨手扔進了垃圾箱。

這個細節又給了安藤百福很大的啓發，他的腦子裏有了開發「杯裝速食麵」的構想。容器決定選用當時新型的泡沫塑料，材質輕而且保溫性能好，成本也便宜。杯子的形狀做成用一隻手也能拿起的大小，只是杯蓋的材質卻還是一直無法解決。

有一次，安藤百福坐飛機從美國回國，看到飛機上放開心果的鋁製容器有一個由紙和鋁箔貼合而成的密封蓋子，吃時把蓋子揭開就行了。當時，他正想找一種不透氣的材料做杯蓋，杯裝速食麵的鋁箔蓋就在那一刻定了下來。這也就是我們今天看到的碗裝速食麵。

第22節・隱形眼鏡——看不見的看見了

眼鏡的發明，讓近視的人眼前不再模糊一片，但是戴眼鏡也有許多不方便的地方，比如無法跳躍，無法奔跑，洗澡時要摘下眼鏡等等。隱形眼鏡的發明，減少了這些麻煩。

隱形眼鏡的發明者也是個四眼田雞，發明的起因是他兒子的一次調皮搗亂。這個四眼田雞是一位名叫比斯特的工程師。一個星期天，他帶著兒子小皮特到郊外遊玩，玩了一會兒，比斯特坐下來讀報紙。突然，他鼻樑上的眼鏡掉在地上，鏡片摔碎了。比斯特惱怒地回過頭去，見小彼特調皮地傻笑著。原來是兒子和他鬧著玩。比斯特哭笑不得，拾起地上的碎鏡片。小彼特也拾起一塊碎鏡片，貼在眼前玩。突然，小彼特叫起來：「爸爸，你快來看，有好多好多的螞蟻。」比斯特拿過鏡片，果然看到地上爬行的螞蟻。

眼前的情景讓比斯特突然冒出了一個奇特的想法：用碎鏡片也能看到東西，如果把它直接安裝在眼球上不是更好嗎？回家後，比斯特立即著手試驗。經過多次嘗試驗，一種叫角膜接觸鏡的鏡片終於誕生了。這種鏡片將透鏡直接放在眼角膜上，發揮矯正視力的作用。由於這種鏡片超薄透明，放在角膜表面可以隨眼球的運動而移動，不易被人察覺，因此人們稱它爲隱形眼鏡。

一九四五年，隱形眼鏡有了實質的進展；一九六四年，軟質隱形眼鏡問世。而現在的隱形眼鏡片則是用矽膠材料製成的。

一九八六年，美國強生提出了隱形眼鏡配戴方式的新概念——拋棄式配戴方法，降低了隱形眼鏡併發症的發生率。

誰能想像一個孩子的調皮，完全改寫了眼鏡的歷史呢！

第23節・照相機——剎那變永恆

某一天，翻開相冊，看著那一張張定格爲永恆的瞬間，我們心裏會湧起無數或甜或苦的人生回憶，而這，要歸功於相機的發明。

走進賣場，在照相機專櫃前佇足一下，你會發現，現在的照相機外觀愈來愈漂亮，體積愈來愈輕巧，功能愈來愈多。

一部照相機的發展史，可以說是一部人類不斷追求完美的歷史。自從照相技術發明以來，爲了獲得更完美和理想的照片，發明家們不斷將光學、機械學、電學、電腦等技術有機地結合在一起。所以我們今天才能用相機拍出清晰、傳神的照片。

照相是一種能把有形物原樣不變地記錄下來的技術。從前的人爲了把物體的形像記錄下來，只有採取繪畫的方式。但再高明的畫師，也難以把物體的原

形毫不走樣地記錄下來。

爲了傳眞記錄事物的原樣，人們利用光學原理發明了照相。最原始的照相機就是所謂的「針孔照相」。這是透過針孔使物像映照在牆壁上。著名畫家達文西就曾用這種方法把風景正確地映照在牆上。但是這種針孔照相本身並不能記錄，只是投影而已。

一八〇二年，英國人維丘德首先利用硝酸銀的感光作用，把硝酸銀塗在紙片上，製成了印像片。一八二七年，法國人尼布斯在玻璃上撒瀝青粉末，再敷上一層油或蠟，使之成爲半透明體。在陽光下，經過長時間照射，可以留下實物的白色影子，製成不會消逝的照片。但是每拍一張這樣的照片，就要在陽光下曝曬六至八個小時，複雜的過程顯然不合實際。

到了一八三九年，照相技術有了新進展。一位叫達蓋爾的法國人，在一個偶然的機會裏，發現了一種新的感光材料，而這其實源於達蓋爾的一個偶然的錯誤。達蓋爾在研究照相技術時，無意中把一支銀匙放在用硫磺處理過的金屬

板上，過了一會兒，達蓋爾發現這把鋇匙的影子居然印到了板上。這一現象使他大爲吃驚，於是專心磨製金屬板，並在上面塗硫磺，用鏡頭進行拍攝，果然拍下了薄薄的影子。這一成功鼓舞了達蓋爾的信心，讓他繼續向突破照相技術的最後難關挺進。

又是一個偶然的發現幫了他的大忙。有一天，達蓋爾到藥品箱中找藥品，突然看到過去曾經曝過光的底片上，影像已經變得十分清晰。這是什麼原因呢？爲了找到答案，他每天晚上將一張曝過光的底片放在藥箱裏，第二天早晨，在取出底片的同時取出一瓶藥。他想，如果某一種有效的藥品被取出箱外，即使放進曝過光的底片也不可能顯像清晰。

讓達蓋爾意外的是，當箱子裏的藥品全部取完後，底片仍然顯像清晰。爲了查明原因，達蓋爾把箱子翻來覆去進行檢查，終於發現了箱子裏有一些小水銀珠。他立刻意識到，奇蹟一定是水銀造成的。經過分析，達蓋爾認爲是箱子裏溫度較高，使水銀蒸發而影響底片，使其顯像良好。

爲了證實自己的判斷，達蓋爾把曝過光的底片放在暗室裏，用水銀蒸汽進行試驗，果然取得了預期效果。就這樣，達蓋爾解決了照相的關鍵技術——顯影。接著，他又解決了定影技術，從而徹底解決了照相技術問題。達蓋爾的發明與現在的照相技術基本上是相同的，所以照相技術的發明應當歸功於達蓋爾。人們現在用到的相機，都是在達蓋爾發明的相機基礎上不斷發展而來。

如今，照相機在人們的生活中已經愈來愈普及，春光明媚的日子，外出遊玩的日子，看到那些好的景色，我們總會拍照留念，相片中留下了美麗景色，也留下了我們的身影和永恒的記憶。

隨著科技愈來愈發達，照相機也不斷更新換代，除了傳統的光學照相機，數位相機、DV攝影機更頻繁地出現在我們的生活中，讓景色和記憶有了更多的保存方法。

若干年後，當你拿出年輕時的照片，青春往事就會在記憶中浮現，生活也因爲有了照相機，變得更多采多姿。

第24節・圓珠筆——應用最廣泛的書寫工具

在我們所使用的書寫工具中，圓珠筆，或稱原子筆，是目前使用人數最多，使用頻率最高的。學生的文具盒、職員的辦公桌、家裏的筆筒，只要是有筆的地方，都能看到圓珠筆的身影。這是因爲相對於毛筆、鋼筆、鉛筆等，圓珠筆不論是攜帶還是書寫都很方便又乾淨。

圓珠筆發明之前，寫字是一樁會髒手的事情。人們使用必須頻頻蘸墨水的簡易鋼質筆尖的筆，蘸多了墨水得用吸墨紙吸掉，墨水瓶很容易被打翻，在紙上留下墨漬或形成污跡。

匈牙利人拉茲洛・比羅是一個使用舊式墨水筆的報社校對員。他和同事們總抱怨不是手上就是紙上沾了墨漬，因此當他在一家材料店看到速乾墨水時，決定試製這類東西。

比羅和他的兄弟——化學家喬格，花了幾年時間做實驗才完成了設計。那是一根灌滿速乾墨水的管子，頂端嵌裝著一粒滾珠，能使墨水平滑地劃過紙上。一九四三年，他們製造出了圓珠筆。

第二次世界大戰後的幾年間，由於業界開發出了低成本的製造方法，圓珠筆逐漸成爲人人喜愛的書寫工具。

其實，在拉茲洛兄弟發明圓珠筆之前的一八八八年，已經有了「圓珠筆」這一名稱。當時，一位名叫約翰．勞德的美國人曾設計出一種利用滾珠爲筆尖的筆，但他未能將其製造成便於人們使用的商品。

市面上後來也陸續出現了很多種圓珠筆，但是都因爲不實用等原因而被擱置，只有比羅兄弟發明的圓珠筆，因爲使用方便而流傳下來。

圓珠筆與鋼筆不同，圓珠筆使用的是乾稠性油墨，油墨又是依靠筆頭上轉動的鋼珠帶出來，轉寫到紙上，因此不滲漏，不受氣候影響，書寫時間較長，省去了經常塡充墨水的麻煩，所以很快就在世界上流行起來。

第25節・比薩餅——馬可波羅的「餅子」

說起比薩餅，一般人並不陌生，甚至你本人可能就是比薩店裏的常客。不管是大城小鎮，比薩餅店已是必然的街頭一景。

比薩餅的發明，與義大利著名旅行家馬可・波羅有關。如今義大利人還流傳著這樣一個故事：當年馬可・波羅在中國旅行時，最喜歡吃一種北方流行的「餅子」——蔥油餡餅。回到義大利後，他一直想吃，但不會烤。一個星期天，他同朋友在家中聚會，其中一位是來自那不勒斯的廚師，馬可・波羅靈機一動，把那位廚師叫到身邊，對他「如此這般」地描繪起中國北方的「餅子」來，那位廚師也興致勃勃地按馬可・波羅所描繪的方法，取來麵粉製作起來，嘴裏還不停重覆著馬可・波羅教給他的中國話「BINZI」、「BINZI」……但是他忙了半天，仍無法將餡料放入麵團中。於是馬可・波羅提議乾脆將餡料放在

麵餅上。大家吃後，都大叫「好吃」。這位廚師回到那不勒斯後，又做了幾次，並配上那不勒斯的乳酪和作料。「餅子」做好後，這位廚師還大聲地叫賣起來，只是將「餅子」（BINZI）的發音錯爲比薩（PIZZA）了。想不到這種既方便又營養豐富的麵食大受食客們的歡迎，從此比薩餅就流傳開了。

如今，食品雜貨店裏塞滿了做比薩餅用的麵餅和餡料，配好料的冷凍比薩餅更是琳琅滿目。由於年輕一代愛吃比薩餅，使得這種食品的銷路有增無減，現在連學校的餐廳也供應比薩餅了。

世界上最大的比薩餅連鎖店必勝客的副總裁說，比薩餅有一種力量，因爲它是一種簡單的食品，人們不用餐具來吃它，而且通常一起分享。從某種意義上講，這是傳統分食麵包的習俗在現代社會的一種表現形式。歐美的一些家庭經常每周拿一個晚上來吃比薩餅，大家放慢生活的節奏，增強一家人的感情。

第26節．結核菌疫苗——退化的玉米打開了防疫的大門

對人類而言，肺結核是一個兇惡殺手，在對付結核菌的有效藥物發明之前，一旦感染了這種病菌，生死難卜。結核菌猖獗的時候，全世界數千萬人罹病。到現在，全世界每年還有數百萬人被它奪去寶貴的生命。

戰勝這種惡疾不但是大衆的共同願望，微生物學家更是不遺餘力地投入研究。經過長期努力，抗結核病的疫苗終於問世了。它是由法國細菌學家卡默德和介蘭兩個人合作發明的，疫苗名稱「卡介苗」就是由此而來。

醫藥史上的這項偉大發明，讓很多人免除了結核病的困擾，給人類的健康帶來了福音。可是讀者也許想不到，這個偉大的發明是科學家從種植的矮玉米中獲得靈感而來的，因此人類戰勝結核菌，矮玉米也有一份功勞。

卡默德和介蘭在研究當中，遇到了一個問題：結核病菌與天花病毒不一

樣，接種到動物身上後再接種到人身上，不僅沒有產生預想中的免疫作用，還會傳染給人體，造成危害。他們不知道這是什麼原因，也不知道下一步該怎麼辦。這個障礙，使研究工作停頓下來，於是他倆一起到郊外的田野裏散步，想放鬆一下。

農場主人馬波泰在玉米地裏巡視，這一年的玉米長得不好，株身很矮，穗子也小，他知道原因不是缺乏肥料，是種子老化造成的，改善的辦法是更新種子。

兩位科學家散步時來到矮玉米田，看到了馬波泰，隨口與馬波泰聊起天來。卡默德看著那矮玉米株，問農場主人爲什麼它長得那麼矮小，是不是缺乏肥料？馬波泰說，不是因爲肥料不足，而是因爲這種玉米已經種了十幾代，所以退化了。

這兩位科學家一聽到馬波泰的話，幾乎同時抓到了靈感，他們都對矮玉米發生興趣。馬泰波告訴他們，玉米剛引進的時候，生命力很強，植株高，穗子

大，但是一代一代傳下去，它的生命力漸漸退化，植株變矮了，穗變小了，玉米粒變細了。這兩個人怎麼會對這種問題感興趣？馬波泰心裏納悶。

卡默德和介蘭當時只是相視一笑。他們來不及向農場主打聽別的，也不再去散步，急急忙忙回到實驗室，進行結核菌的退化實驗。他們一代又一代地培養結核菌，一直培養到二百三十代。結核菌的毒性愈來愈小，終於不再危害人，而成爲一種無害的結核菌人工疫苗。

結核菌疫苗和矮玉米並無直接的關聯，但是它在物種的退化上是相通的。卡默德和介蘭非常善於舉一反三。他們觸類旁通，由玉米的退化想到了結核菌的退化，從而迅速找到了使結核菌無害化的辦法。退化對玉米的收穫來說是壞事，而對結核菌疫苗的研製卻是好事。矮玉米的啓示爲研製人工疫苗解決了關鍵性的難題。

從生活中的小事得到啓發，兩位科學家終於發明了遏止結核病的疫苗，爲人類的健康做出了巨大的貢獻。

第27節・人造血——小白鼠的啓發

人造血液的發明，可以讓許多傷患不會因爲失血過多而失去生命。以這個角度來看，人造血液不啻是人類第二次生命。然而誰能想到，人造血液的發明，起源於實驗人員不小心讓一隻小白鼠掉到某種溶液裏，因此有了驚人的發明。

一九六六年秋天的一個上午，克拉克教授和他的助手們正在美國阿拉巴馬大學醫學中心的實驗室裏，做一項生物化學實驗。這時，一名助手不小心讓一隻實驗用的小白鼠掉到了一個盛有白色溶液的玻璃缸裏。沒有人注意到這件小事故，這個小東西可能就要因此一命嗚呼了吧！幾個小時過去，克拉克教授收拾儀器時發現了這隻倒楣的小白鼠，然而令他驚異的是，小白鼠還淘氣地爬來爬去呢！

這種白色溶液是由極其細微的氟碳化合物顆粒組成。氟碳是製造原子彈的材料，小白鼠掉進去應該不久就會被淹死，怎麼能活這麼長時間呢？克拉克想著，猛然從中受到了啓發：或許氟碳能更有效溶解氧氣也未可知。

經過仔細的研究化驗，克拉克發現，原來氟碳具有一種特異性能，它溶解氧氣的能力比水大十五倍！這使得這種白色溶液具有相當豐富的含氧量，小白鼠幾個小時不被淹死，是因為牠可以透過液體呼吸的方式生存下來。

對於這項驚人的發現，日本醫生內藤良十分關注。他遠涉重洋，專程造訪克拉克，向他請教這項發現的細節。這次美國之行，使這位優秀的醫生敏銳覺察到，這種氟碳化合物溶液與人體血液有著某種相似處。他兼程返回日本，致力研究用氟碳化合物溶液做爲具有攜氧功能的人造血液。

科學高峰的路，並不是一帆風順的。在這項研究中，內藤良不斷遇到重大困難，不過他從未想到過要放棄。皇天不負有心人，經過十二年如一日的艱苦研究，內藤良終於克服了化合物在人體內長期停留所引起的中毒反應，又解決

了溶液中的細小微粒等種種難題。爲了證明這種人造血液攜帶氧氣和運送二氧化碳的能力和安全性，他竟用自己的身體做試驗。

首先，他在自己的血管內輸入了五十毫升這種具備攜氧能力的白色血液，沒有出現任何毒性反應。緊接著，參與這項研究的其他十名同事，也都安全地接受了這種白色人造血液的注射。內藤良又進行了一系列的試驗，結果都非常令人滿意。

一九七九年四月，氟碳化合物開始投入臨床試用，效果良好，沒有任何毒性反應。同年五月二十日，一位六十一歲的日本老人因胃潰瘍大量出血，生命垂危。醫生認爲必須立刻爲他輸血，可是這位病人的血型極爲罕見，醫院裏根本沒有這種血型的血漿。主持手術的內藤良醫生當機立斷，給病人注射了一千毫升新發明的「人造血漿」，病人終於起死回生。

後來，他又用這種人造血來保存具有生命力的離體腎臟，然後再將這種腎臟植入人體，結果也成功了。與此同時，美國明尼蘇達州的一所醫院用相當於

全身血液量四分之一的人造血，輸給一位手術後貧血的病人，也得到很好的效果。

人造血液在一連串的臨床試驗中，獲得了驚人的成功。僅僅一年時間，就有一百五十名病危患者靠人造血液渡過了險境。以氟碳化合物爲原料的人造血，終於讓人們看到了第二次生命的曙光。

第三章

企業因創新而前進

現代企業的競爭非常激烈，而競爭的形式又多種多樣，

面對這樣的現實，有的企業懵懵懂懂陷於其中，

理不出一點頭緒，因而急需要有一個指南針。

就多數企業而言，這個指南針就是創新。

無論企業是大是小，創新都是企業邁步的支杖。

沒有創新就談不上發展，沒有創新就意味著可能沒有明天。

創新包含兩方面的時間概念，一是時效性；二是持續性。

兩者貫穿創新的整個過程，是企業成敗的主因。

*　*　*

第1節・柯達公司精益求精的「創新精神」

柯達公司創建於一八八〇年，現有員工九萬六千餘人，世界各地都有柯達的業務，產品廣及影像、醫療、資料儲存等領域，公司除了生產柯達底片外，還有照相紙、專業攝影器材，沖印器材、沖曬設備、影印機、製版產品、檔案處理系統、航太高科技產品及影像產品器材。

一、傲視企業界的「柯達意見制度」

一九八九年，柯達的創始人喬治．伊斯曼收到一份意見書，呼籲生產部門將玻璃窗擦乾淨，這雖然是芝麻小事，伊斯曼卻從中看出了它的意義。他認爲這是員工積極的表現，立即公開表彰，發給獎金，從此公司就建立起「柯達意見制度」。

伊斯曼也許並沒有想到，這件偶發的玻璃窗事件所衍生的建議制度，會一直持續至今，並得到不斷改良；或許他也未認識到，自己所建立的「柯達意見制度」會成爲其他各大企業紛紛仿效的對象。在柯達公司的走道裏，每個員工隨手都能領到一份意見表，丟入任何一個信箱，都能送到專責的「意見秘書」手中，專責秘書要及時將建議送到有關部門審議，做出評鑑，建議者隨時可以直接打電話詢問建議表的下落；公司設有專門委員會，負責審核、批准、給獎。

公司對於不採納的意見，也要用口頭或書面的方式提出不採納的理由，如果建議人要求進行試驗，可由廠方協助實行，以鑒明該意見有無價值。迄今，該公司員工已提出意見一百八十萬條，被公司採納的有六十萬條以上。目前，該公司員工因提出意見而領取的獎金，每年在一百五十萬美元以上。

一九八三、一九八四兩年，該公司因採納合理意見而節省一八五〇萬美元資金，公司拿出三百七十萬美元獎勵建議者。對公司來說，這種建意見制度在

降低成本，提高品質，改進製造方法和保障生產安全等方面發揮了很大的作用。柯達公司認爲，這種制度發揮了直向溝通的作用，因爲每個員工提出一個意見時，即使沒有被採納，也會達到兩個目的：

一是管理人員瞭解到員工在想什麼；二是當建議人得知他的意見受到重視時，會產生滿足感，工作更賣力。

在實行員工建議制度方面，柯達注意到以下幾點：

1. 所有管理人員，特別是第一線的領班，必須重視這一制度。如果第一線的領班對下屬提出的意見反應冷淡，那麼意見制度就不可能得到員工的支援。

2. 必須建立專職機構來實行這一制度。柯達公司的意見辦公室和專責秘書必須及時處理員工的建議，公平解決獎金額度問題，耐心地向建議人解釋意見不能被採納的原因，並定期公佈制度實施的現況。

3. 簡化意見制度的流程。公司員工只要想到某種意見，隨手就可以拿到意見表，塡上自己的意見。員工可以將意見表投入工廠的信箱，也可以投到工廠

特設的意見箱內，如果不願留下自己的姓名，也可以採匿名方式提出建議，然後用意見表上的號碼與廠方取得聯繫，之後用電話查詢該號碼的意見是否已被採納。意見辦公室把所採納的意見都一一列爲表格，定期在公司出版的周報上公佈，或把相關內容張貼在公司布告欄上。

4. 對每項意見都要認眞對待和處理。專責的秘書應及時把各項意見提交給各有關管理人員和科室，必要時，可把意見付諸實施。有關管理人員和科室對意見做出採納或不採納的決議後，必須將決議後的資料送進意見辦公室，專責秘書提交該部門的意見委員會再次審酌。

對未被採納的意見，必須把詳細資料送交建議人，說明該意見未被採納的原因。如果建議人仍認爲他的意見有採用的價值，可向意見辦公室提出更多的依據。有些未被採納的意見，最後可能因而被採納。

5. 重視員工意見制度的宣傳和對建議人的獎勵。在柯達公司，每一名新員工都會領到一本關於員工意見制度及其獎勵辦法的小冊子，這本小冊子能很快

使員工熟悉意見制度的內容。每周的員工周報闢有專欄，公佈意見被採納的情況。

根據長期的經驗，柯達公司制定了一套標準，用以衡定所採納意見的價值及建議人應得的獎金數額。

柯達的意見制度現已被美國和其他國家的企業廣泛採用，同時也成爲企業管理學和組織行爲學的研究對象。像日本、美國這些先進國家的企業十分重視企業的科學管理。他們認爲，企業管理可大略分爲人、財、物的管理，其中，人的管理最重要。他們歸納柯達的經驗，並把企業的科學管理分爲下列七個要素：

1. 人事（Men）：包括員工的招聘、培育、考核、獎懲、晉升、任免。
2. 資金（Money）：獎金來源、預算編制、成本核算、財務分析。
3. 方法（Method）：生產計畫、品質管制、技術研究。
4. 機器（Machine）：機器配置、廠房佈局、設備維修，折舊核算。

5. 材料（Material）：材料收購、運輸、儲存、驗收。

6. 市場（Market）：市場需求、生產方向、產品價格、銷售策略。

7. 士氣（Morale）：員工的興趣、愛好、志向、情緒。

由於這七大要素的英文都是以M開頭，所以也有「現代企業管理七個M」之稱。企業家認爲，這七個M缺一不可。我們不難發現，其中「人事（Men）」排在第一位。

美國管理學家、目標管理理論創始人德魯克認爲，要鼓舞員工的積極性，重點在於使員工發現自己所從事工作的樂趣和價值，從工作完成中享受到滿足感。員工個人的目標和需求，作業與人性兩方面就得到了整合。

不少企業的強化員工參與、鼓勵合理化意見都只是流於形式，並未能眞正的貫徹和實施。而柯達事業的每一步發展中，都由勞資雙方共同決策。

企業應該發揮每一名員工的特長與潛力，實現民主化管理，使好的意見落實。這樣不僅能減少企業經營管理的失誤，還能增強自我意識，鼓舞員工的積

極性。

二、創始人柯達．伊斯曼本人就是開發創新的天才

立意進取，不斷創新是柯達公司的座右銘，柯達的創始人伊斯曼本人就是這樣的人。他有個不幸的童年，十四歲父親去世，不得不輟學到一家保險公司當雜工，後來又到羅徹斯特儲蓄銀行當行員，他在這個時期的工作經歷和努力，爲以後自創的公司打下了理財的基礎。

由於對攝影的愛好和著迷，他辭去了銀行的工作，從事底片的研製。經過反覆實驗，他終於發明了一種新的底片，爲他的創業邁出了關鍵性的一步。一八八一年一月，柯達公司成立，從此不遺餘力地發展海外業務。伊斯曼研究出第一片乾式底片，掀起了攝影界的一場革命；他製作出第一台柯達盒式相機，實現了人人都能「按快門」的願望；他還生產出人類攝影史上的第一卷透明底片。此外，伊斯曼發明了柯達的第一台袖珍相機和十九毫米電影膠卷，實現了

他「拍攝彩色片和黑白片一樣容易」的預言。伊斯曼的後繼者承繼了開拓者的優良傳統，不斷用創新來豐富柯達和系列產品。

一九四二年，柯達彩色底片問世，使人類能夠眞實拍攝彩色的世界。之後的半個世紀內，柯達公司又推出了實惠、便捷的「連鏡底片相機系列」，以滿足廣大消費者的需要。接著，柯達公司再突破五十多年來照相底片的舊技術，隆重推出比市面同類產品閃光性更強，色彩豔麗的全新柯達一〇〇、二〇〇、四〇〇底片，並配合推出創新發展、體積小巧的柯達相機系列——柯達Cameo。這款相機上揚式的閃光系統，可避免照相時「紅眼病」的出現，很受市場歡迎。另外，柯達公司的先進照片鐳射影碟系統，透過沖曬科技，能將三十五釐米底片內的影像，全部轉移到一片鐳射影碟上，然後透過柯達照片鐳射影碟機，在電視螢幕上即時顯現，讓人們聲畫並賞，難忘的時刻隨時呈現眼前。

不斷更新產品是柯達成功的秘訣之一。因爲柯達是靠開發新產品起家，也是靠不斷開發新產品而成長，因此公司非常重視新產品的開發，每年花在研發

的經費近六億美元，平均每三天就有一項新發明出現。

在目前生產的底片中，柯達的彩色底片，如幻燈片用的「柯達銘」和「百銘」，立即印刷用的「柯達彩色」，都是品質上乘的底片。特別是「柯達銘二」，其品質已是舉世公認。

柯達公司的科學家以一種非常薄的膠卷感光劑爲上層，使膠卷比過去薄了三分之一，感光性能更好。這一改變曾迫使當時的世界化工王國杜邦公司停止其產銷計畫，暫時放棄向柯達挑戰。

三、柯達的創新之道

歸納起來，柯達能加速開發新產品必須歸功於以下幾點：

1. 根據市場的需求，將產品功能逐漸鮮明化。要從市場信息中，歸納出某些產品可具備的功能，是一件非常困難的工作，卻是增加企業競爭力的關鍵。而且資訊搜集必須正確，否則開發出來的產品無人問津，還浪費了公司的資

源。爲了確保市場諮詢的正確性，柯達特別制訂了一套作業流程，來搜集市場和消費資訊。

2. 明確訂立產品的開發過程。爲此，專案小組訂定一套產品開發作業系統，不但詳細列出各項開發步驟，並詳列檢查步驟，確保順利開發。這套新產品開發作業系統運用於柯達的每一條營業線，被命名爲「確保製造能力系統」。

3. 以專案管理的方式建立專案小組，進行各項新產品的開發。柯達認爲任何一項產品的開發，都必須先成立專案小組，而專案小組的成員包括研發、生產、行銷等部門的有關人員。不過，隨著產品開發工作的進行，小組的成員與組長會進行彈性調整。

4. 鼓勵人員在各部門間流通。爲此，柯達成立專門委員會，以加薪與獎勵的方式鼓勵人員在公司內部轉換工作，以確保各部門活力，並且充分運用人力資源優勢，使其發揮最大的作用。

5. 充分利用一切可以利用的時間。柯達在剛剛開始成立營業線時，授權各

營業線自行購買所需要的設備，結果設備重複的情況層出不窮。後來柯達要求各營業線共用部分設備，而營業線爲確保自己使用設備的時間與其他營業線不產生衝突，事先必須對整個工作流程進行規畫，並利用等待設備的空閒時間訓練或從事新產品測試工作。

6. 建立少量生產的生產線。當柯達的開發工作接近尾聲的時候，會先少量生產，以測試市場反應，做爲改良的依據。儘管建立少量生產線仍須大筆的投資，不過這樣做仍有它的好處，就是可以免除暫停一般生產線的浪費。

第2節・李維牛仔褲引領潮流

說起商人李維・史特勞斯，必然會談到他最早用幾頂帳篷的帆布縫製長褲，當然還會說到牛仔褲誕生於一八九三年，同時提到它的大規模流行得益於《欲望街車》這部影片，還要說到穿牛仔褲的明星馬龍・白蘭度和約翰・韋恩，最重要的是，誰都不會忘記它蔚爲時尚的故事。

這些究竟說明了什麼？這一點在相關文章中談得不多。人們通常只會分析牛仔褲象徵的冒險精神，或是引起嬉皮等現代人的反叛心理。

這些雖然都對，但筆者眼中看到的是其中的時尚精神，它既包括最初提出創意的內華達州裁縫雅各・戴維斯（此人後來鮮爲人知），也包含雜貨店老闆出身的李維・史特勞斯（此人名字隨牛仔褲盛行而聞名至今）。是他們敏銳的商業嗅覺，給世人留下了時尚佳作。當戴維斯爲申請這種工作褲專利尚缺六十二塊

美金而求助於史特勞斯時，史特勞斯很爽快答應了，因爲他看到牛仔褲的前景。

Levis是牛仔褲始祖，它的商標中間以金黃色圖飾爲基調，深藍色三角形與天藍色菱形交互穿插，寓有深意。一八五三年，美國加州發現金礦，人們從世界各地湧向當地，一名形成淘金熱。一名做紡織品生意的猶太青年商人李維·史特勞斯靈機一動，將滯銷帆布製成幾百條褲子，到淘金工地推銷，想不到大受歡迎。世界上第一條帆布工作褲誕生了。爲了實用，他開始使用藍色的粗布，並且用自己的名字做爲品牌。

李維這個品牌不斷積累財富，但賦予這種褲裝「牛仔褲」之名的，應該歸功於電影明星們。二十世紀三〇年代至五〇年代期間，美國好萊塢男星們在表現美國西部牛仔的影片中，穿上了這種褲裝，不僅營造出粗獷的生活情調，還把牛仔褲塑造成浪漫男人的標誌，從此，牛仔褲演繹爲一種時髦的現代服裝款式，並成爲二十世紀中葉美國服裝文化的代表。

時至今日，牛仔褲品牌多如過江之鯽，但李維牛仔褲依然保持翹楚地位，原因在於零倉儲管理技術。

零倉儲技術是快速反應系統的重要功能，李維牛仔公司利用快速反應系統取得競爭優勢。每天晚上，公司透過電子資料交換，瞭解所有主要零售點賣出的牛仔褲尺寸和型號，然後向其布商米利肯公司訂購布匹。布匹供應商又向纖維供應商杜邦公司訂購纖維。透過這種方法，供應鏈中的所有參與者運用最新的現期銷售資訊，生產即將銷售的產品。商品的生產是由需求所引導，而不是由供給所推動。據估算，廠商的管理成本因此驟減四〇%。

牛仔褲的創意，到了一九四九年有了新的面貌。這一年，亨利・大衛・利創立的H・D・Lee公司推出了女裝牛仔褲，打破男子壟斷牛仔裝的局面，掀起了女性穿著牛仔褲的風潮。從此，牛仔褲有了更多的變化和創意，牛仔褲眞正成爲永不褪流行的時尚。

第3節・Google魅力在於持續創新

Google，曾經因為「錢」的問題成為人們議論的焦點。當時，人們關心的是Google首次公開募股（IPO）的時機是否適宜。今天，人們還是關心Google「錢」的問題。

然而這次，是因為Google股票已經從當初每股八十五美元飆升至二百美元。公司市值也因此達到五百億美元，超過了競爭對手福特、雅虎和通用。

儘管有太多人驚呼「網路泡沫」捲土重來，但Google卻以一連串的收購行動來證明自己的創新風格。

先是位於美國加州的數位地圖服務商Keyhole公司被Google收購。從此，用戶只要在Google搜索引擎中輸入一個地址或相關的地點資訊，Keyhole的軟體就會對資料庫進行搜索，並將搜索地點的數位圖像呈現在每個用戶的電腦螢幕上。

互通的軟體使用戶們有了更多的選擇，包括放大圖像、搜索旅店、公園、地鐵甚至提款機及其他資訊等等。Keyhole能夠產生動態的交互資訊，迥異於傳統的測繪技術。

在此之前，Google已收購了工具開發商Blogger和圖片管理工具開發商Picasa。除了這些，Google目前所提供的服務還包括Google短信（GOOGLESMS）、Gmail電子郵件（測試）、Google列印（GOOGLEPRINT）、和Google桌面搜索等。

而這些僅僅是Google新服務的一部分而已。事實上，Google的發展目標極其遠大。據公司章程所述，Google的使命是「把全世界所有的資訊搜集到手，提供給全世界所有需要的用戶。」

如果單看Google的每項服務，可能對它的豪語不以為然，但如果集中來看Google所有的服務時，一定會大吃一驚。這個網路搜索的龍頭能夠得到多數用戶的信賴，憑藉的正是不斷翻新服務內容，創造最大便利的企圖心。

第4節・微軟公司「創新高於利益」

保羅・艾倫和比爾・蓋茲合作，在一九六七年成立了微軟公司。產品是微軟BASIC，當時員工才三人。

自一九八六年上市以來，微軟經營利潤一直保持在三〇%以上。迄一九九五年，年收入已達五十九億美元，並且擁有大約二百多種產品，員工約有一萬七千八百人。微軟公司控制了個人電腦軟體市場中最重要的部分——作業系統的八〇%—八五%。這些軟體在作業系統上運行，使用戶能在電腦上執行某些特定的任務。凡是與電腦或資訊技術有關的行業和用戶，都受到微軟及其產品的影響。

目前微軟公司面臨著許多挑戰，像是Linux系統的瓜分市場、歐盟的反壟斷訴訟、關鍵產品的一再延期推出，它的業績還能重新恢復成長嗎？

一九九〇年代，微軟營業額的增長幅度平均達到三十六%，而現在則只剩可憐的一位數。長期以來，推動這家公司發展的強大動力就是產品的不斷升級，然而在非常有發展前途的新產品市場中，它也沒有獲得多大的成就，其股價仍然維持在一九九八年中期的水平。

這就是微軟公司。儘管它面臨著諸多挑戰，但身爲美國資本主義的象徵，它依舊受到許多人的吹捧，其二千七百九十億美元的市場價格，僅次於美國通用電氣公司。在金額高達一兆美元如此大規模的高科技市場上，微軟依舊是盈利能力最強的一家公司，它每個月的利潤都在十億美元以上。

微軟從最早的出售程式設計語言開始，到出售作業系統，接著向零售商銷售各種各樣的應用軟體產品，由國內到國外，不斷獲得長遠的發展。但公司基本上始終保持著早期結構鬆散、反官僚主義、微型小組文化等特質，因此與顧客更爲接近，更清楚市場的需要。

但微軟公司已經不再是以前的微軟了。經過四十多年的發展，公司成長速

度慢了，擴展也受到影響，官僚主義也成爲一大憂患，這樣一個曾經在兩大洲受到反壟斷調查、咄咄逼人的公司，現在似乎是千瘡百孔。

微軟公司所要面對的情況是前所未有的嚴重。首先是Linux，由於全世界的用戶都能共用，所以稱它是開放源代碼軟體。從芬蘭到中國等諸多政府和民間組織大力支持這家公司以後，Linux的普及性有較大幅度提高，這對微軟公司構成了從未面臨過的威脅。歐洲的反壟斷案對微軟而言是雪上加霜，歐盟做出了阻止微軟公司利用其Windows的壟斷地位進入其他新市場的裁決，這項裁決極有可能使微軟公司在法庭上再耗數年時間。

面對各種各樣的挑戰，微軟總是奉行最基本的戰略，進軍未來。

如果問微軟公司的CEO巴爾默，微軟是否已經過了巔峰期？他會馬上回答：「不，我從不認爲我們已經過了巔峰期，比較公正的說法是，我們已經度過了青春期，正處於巔峰期。」他又用圖表說明，微軟公司的發展速度比一些高知名度的公司要快，例如英代爾、通用電氣、SAP，就算是在商業界被視爲

創造奇蹟的戴爾公司，它的成長速度也不及微軟公司。

巴爾默是正確的。過去三年中，微軟公司的營業額增長了十三%，宛如黑暗的高科技世界中一顆較亮的恒星。分析人士預測，微軟公司將會面臨一個緩慢成長的未來，巴爾默沒有表明這些分析人士觀點是否正確。他說他不想預測成長速度，他要說的是，相對於這項產業，他們的表現非常傑出。

比爾．蓋茲說，拿年營業額三百二十億美元的微軟公司與規模小得多的公司相比，是不合理的。他說過，如果只拿成長率來做量尺，微軟的確做得不是非常好。但微軟公司最主要的任務就是創新，開發的新產品要比其他任何公司都多。

微軟是一支擁有非常出色的總裁及一流管理菁英的隊伍，員工多有才華，企業競爭策略非常有效，組織目標一致，組織結構較靈活，產品開發能力較強，效率又高。微軟人有一種敢於否定自我、不斷學習、提高層次的精神。優點的背後也潛藏著許多弱點，但微軟在克服弱點和發揮優勢的過程中不斷向前

發展。

微軟公司如此快速的成長，引起了世人的廣泛注意。透過如此輝煌的業績，我們不難發現，微軟成功的秘訣不僅僅在於科技創新和優異的經營管理，更重要的，是它創設了知識型企業的獨特文化個性。

一、比爾．蓋茲締造了微軟的文化個性

比爾．蓋茲獨特的個性和高超的能力造就了微軟公司的文化品味。這位精明而精力充沛，且富於幻想的公司創始人，極力尋求並任用既懂技術又善於經營的經理人員。

他一向強調以產品為中心來組織和管理自己的公司，大膽實行組織改革與創新，在公司內部和應聘者中找尋富有創新和合作精神的人才，委以重任。比爾．蓋茲被員工形容為一個幻想家、一個不斷積蓄力量和瘋狂追求成功的人。他這種品性，對公司的影響很大。他憑藉著雄厚的技術知識內涵、敏銳的戰略

眼光和彙集在他周圍的很多軟體發展和經營人才，使自己及公司矗立於這個發展迅速的產業最前端。蓋茲善於洞察先機，又能夠緊緊抓住這些機會，並且在公司內貫徹自己的精神，使整個公司的經營管理和產品開發等活動都帶有他個人的色彩。這就是一種高超的能力。

二、管理創意人才和技術的團隊文化

擁有大批具有創意的人才，是知識型企業的重要特徵。那些不喜歡大量規則、組織、計畫，強烈反對官僚主義的程式設計師，被微軟文化團結在一起。公司遵循「組建職能交叉專家小組」的策略準則，授權專業部門自己定義他們的工作，招聘並且培訓新員工，使工作靈活機動，讓員工在思想上保持較高的獨立。

專家小組的成員透過工作，從有經驗的人那裏學習，沒有太多的官僚主義規則和干預，沒有陳舊的正式培訓專案，沒有「職業化」的管理人員，沒有耍

政治手腕、搞官僚主義的風氣。經理人員非常精幹並且平易近人，大多數員工認爲，微軟是大批創意人才的最佳工作場所。大量學習和決策的機會，以及不斷靈活變化的工作，也是這種團隊文化提供給員工的福利。

三、始終如一的創新精神

創新是知識經濟時代的核心工作，創新精神是知識型企業的靈魂。微軟人始終自許爲開拓者，他們創造或進入一個潛在的大規模市場，然後改進某項產品使之成爲市場標準。微軟公司不斷進行漸進式的產品革新，且不時有重大突破，在公司內部形成一種不斷變化的機制，使競爭對手很少有機會能對微軟構成威脅。不斷改進新產品技術、定期淘汰舊產品的機制，始終使公司產品不斷成爲行業標準。創新是貫穿微軟經營過程的核心精神。

然而，面對近年的挫折，爲了強化壟斷優勢，微軟必須進行技術創新。

巴爾默在接掌公司日常運作的重任後，蓋茲集中精力專盯技術創新。他已

經整理出所謂「The List」，亦即大約五十項最重要的技術創新，包括安全軟體、用戶介面到Web搜索和電話技術。「The List」中的技術非常重要，每一項都指定一名高階人員專門負責在全公司推廣該技術。

審視「The List」能使我們洞察微軟公司所謂的創新。微軟公司每年的研發預算高達六十億美元，其中絕大部分用於改良壟斷優勢的Windows和Office。過去，微軟公司曾開發出高清晰的Clear Type技術，和識別書寫錯誤的語法檢查技術，而現在，蓋茲所重視的安全和搜索技術被彙集到微軟公司最普及的軟體中。他稱之爲「集成化創新」的這一技術，是用戶不斷購買新版Windows的原因。

微軟公司成功地使人們不斷需求它的新產品，這一點在個人電腦的整個產業發展中一直非常重要。從大型個人電腦廠商到最小的軟體發展商，幾乎都將公司業務建立於微軟公司創新的產品基礎上。每次微軟公司讓用戶購買新版Windows或Office，同時也讓合作夥伴有了銷售軟體的機會。這也是爲什麼巴爾

默不理會「微軟公司積極介入新市場」的這類批評。他說，光是簡單提出一個新概念不叫創新，還必須對它精益求精，使人們對它有所需求。

但是，微軟公司也許沒有把錢花在刀口上。美國的個人電腦市場已接近飽和，微軟公司必須介入新市場。但視頻遊戲、網路服務機等新產品已經被其他大競爭對手壟斷，它們對微軟公司的策略了如指掌。因此，微軟公司沒有去開拓新的市場，而是在現有的市場上與對手角逐。微軟公司前任總裁貝魯佐表示，微軟公司是唯一有財力跟競爭對手較勁的公司，但這已成爲它的一個劣勢。他說，微軟公司有較多的資金、太多的優秀人才和充裕的時間，這些問題在一定程度上或許反而傷害到微軟。

爲了打破這一常規，微軟公司可能要把更多的精力投入到創新方面。自一九九〇年以來，微軟公司在研發上投入了三百二十六億美元，超過其他最大的五家軟體廠商總和，但是微軟公司並沒有獲得多少突破性技術成果。推出了設計優良的iPod，在數位音樂領域大出風頭的是蘋果公司；提出了支援Google公

司搜索技術的，是兩名史丹福大學的研究生。

微軟公司表示，這些挫折只不過是成爲一家成熟企業過程中，必然經歷的痛苦。巴爾默對新管理系統的評價爲A。他說他知道，對於一家公司的長期發展而言，這是非常有必要的。蓋茲和巴爾默曾率領微軟公司多次度過難關。一九九〇年代，蓋茲帶領微軟對網際網路挑戰做出了強有力的回應，巴爾默則使微軟將觸角延伸到全球的企業中，結束了過度依賴桌上型電腦的局面。

今天，微軟公司正在多個領域發展，其中包括針對中小企業的應用軟體、Xbox遊戲機、支援互聯網功能的手機、智慧手錶軟體和語音識別系統。但至少在未來幾年內，這些領域的收入要想獲得大幅增長，前景並不很樂觀。

四、創建學習型組織

在這樣一個已經進入學習型組織的時代，眞正能建立學習型組織的企業，才是最有活力的企業。微軟人具有自己特點的戰略，以自我批評、資訊反饋和

交流來求取進步，向未來進軍。在全面衡量產品開發過程的各方面要素之後，微軟極力在更有效管理與避免過度官僚化之間尋求新的平衡。它必須更徹底分析與客戶的聯繫，視客戶的支援爲自己進步的依據與動力，有系統地從過去和目前的研究專案與產品中學習，進行自我批評、自我否定。蓋茲及其他經理人則極力主張人與人要保持密切聯繫，互相鼓勵學習。此外，微軟還必須實現資源分享，透過建立共用制度來影響公司文化的發展戰略，藉此推動公司組織產生變化，以保持充分的活力。建立學習型組織，使公司整體結合更緊密，以更高的效率向未來進軍。

國家圖書館出版品預行編目資料

腦袋靈光 生命發光／張岱之著
－－第一版－－ 臺北市：知青頻道出版；
紅螞蟻圖書發行，2010.07
面　　公分－－
ISBN 978-986-6276-20-0

1.思考 2.創意 3.成功法

176.4　　　　99010764

腦袋靈光 生命發光

作　　者／張岱之
美術構成／ Chris’office
校　　對／周英嬌、楊安妮、朱慧蒨
發 行 人／賴秀珍
榮譽總監／張錦基
總 編 輯／何南輝
出　　版／知青頻道出版有限公司
發　　行／紅螞蟻圖書有限公司
地　　址／台北市內湖區舊宗路二段121巷28號4F
網　　站／ www.e-redant.com
郵撥帳號／1604621-1　紅螞蟻圖書有限公司
電　　話／(02)2795-3656（代表號）
傳　　眞／(02)2795-4100
登 記 證／局版北市業字第796號
港澳總經銷／和平圖書有限公司
地　　址／香港柴灣嘉業街12號百樂門大廈17F
電　　話／(852)2804-6687
法律顧問／許晏賓律師
印 刷 廠／鴻運彩色印刷有限公司
出版日期／2010年 7 月　第一版第一刷

定價 200 元　港幣 67 元
敬請尊重智慧財產權，未經本社同意，請勿翻印，轉載或部分節錄。
如有破損或裝訂錯誤，請寄回本社更換。

ISBN 978-986-6276-20-0　　**Printed in Taiwan**